Viktoria Schwenger

Meine verlorene Heimat

Viktoria Schwenger

Meine verlorene Heimat

Flucht aus dem Sudetenland

rosenheimer

www.rosenheimer.com

Titelfoto: © Bundesarchiv, Bild 146-1988-013-34A
Bildnachweise: Alle Fotos stammen aus dem Privatarchiv von Sonja Maicher mit folgenden Ausnahmen:
Seiten 152 und 155: Heimatverein Hirschhorn-Hammersbach e. V.
Seite 14: Tedmek – Wikipedia.com
Lektorat: Richard Prechtl, Rosenheim und
Dr. Elisabeth Hirschberger, Hohenschäftlarn
Satz: SATZstudio Josef Pieper, Bedburg-Hau
Druck und Bindung: CPI books GmbH, Leck
Printed in Germany

ISBN 978-3-475-55455-1

Inhalt

Vorwort

Von ihrem Sohn, Herrn Peter Maicher, bekam ich die Lebenserinnerungen seiner Mutter Sonja in die Hand, die 1922 in Orlau, dem ehemals tschechischen Teil Schlesiens, geboren wurde und 2008 im niederbayerischen Arnstorf verstarb.

Sie beschreibt darin ihr Leben als junge, hoffnungsfrohe Frau, deren bisheriges, gutbürgerliches Dasein durch Krieg, Flucht und Vertreibung völlig aus der Bahn geworfen wurde.

Zusammen mit ihrer Mutter und dem neun Monate alten Baby Peter muss sie Hals über Kopf ihre Heimat verlassen und sich auf eine gefahrvolle Flucht begeben, ohne zu wissen, wohin das Schicksal sie führen und ob sie ihren Mann jemals wiedersehen wird, ja, ob er überhaupt noch lebt.

Wie sie ihr Leben trotz aller Schwierigkeiten und Schicksalsschläge meistert, wird in diesem Buch erzählt, wobei ich mich überwiegend an die Aufzeichnungen von Sonja Maicher hielt.

Es ist nur eines von den Schicksalen hunderttausender Frauen zu jener Zeit, und doch ist es wichtig, darüber zu berichten und davon zu erzählen.

Wir erfahren, wie viele Probleme, Schwierigkeiten, Gefahren und Ängste jene Menschen durchleben mussten, wobei sie dennoch nicht an ihrem

Leben verzweifelten. Die Hoffnung auf eine bessere Zukunft für sich und ihre Familien hielt sie aufrecht, ließ sie alle Hürden überwinden.

Die meisten Menschen jener Zeit sind bereits von uns gegangen, auch Sonja. Die Geschehnisse von damals drohen in Vergessenheit zu geraten. Gerade deshalb ist es wichtig, daran zu erinnern, was vor nicht allzu langer Zeit mitten in Europa geschehen ist.

Auch heute sind Millionen von Menschen auf der Flucht vor Terror, Krieg und Hunger, auf der Suche nach einer sicheren Bleibe, einer Zukunft für sich und ihre Familien.

Möge es vor allem uns, die wir in Frieden, Sicherheit und Wohlstand geboren und aufgewachsen sind, eine Mahnung sein, mit Hochachtung und Respekt anzuerkennen, was diese Kriegsgeneration erduldet, überstanden und später, nach Krieg und Vertreibung, in der neuen Heimat aufgebaut hat.

Viktoria Schwenger

Kinderjahre

Meine Kindheitserinnerungen reichen weit zurück. Ich sehe mich als kleines Mädchen in der Straßenbahn sitzen. Meine weiß bestrumpften Beinchen baumelten hin und her und ich blickte neidvoll auf die Erwachsenen, deren Beine lang genug waren, um sie auf den Boden zu stellen. Die Meinen waren noch viel zu kurz. Einige Jahre später begann der Ernst des Lebens.

In einem roten Seidenkleidchen, das meine Mutter genäht und unter dem Halsausschnitt mit einer goldenen und einer schwarzen Rose bestickt hatte, fuhr ich mit ihr nach Mährisch-Ostrau zur Schuleinschreibung.

Artig reichte ich dem Herrn Oberlehrer, der mir mit seiner Glatze und dem Bäuchlein so alt wie Methusalem vorkam, die Hand und knickste, wie es sich damals gehörte.

Errötend beantwortete ich, mit ängstlichen Kinderaugen unter dem frisch gestutzten Pony scheu zu ihm aufblickend, seine Fragen, woraufhin er mir wohlwollend die Wange tätschelte. Ich spürte, wie mein Gesichtchen erglühte.

Meine Volksschulzeit verlief problemlos. Ich bekam gute Zeugnisse und bereitete dem Herrn Oberlehrer Freude. Dennoch verdrosch er mich einmal in einem für mich unerklärlichen Anfall von Zorn.

Unter die korrigierten Rechtschreibübungen pflegte er mit Rotstift ein dickes »R«, den Anfangsbuchstaben seines Namens, zu schreiben. In kindlicher Verspieltheit kam es mir in den Sinn, das dicke »R« mit Schreibfeder und Tinte in der Mitte nachzuziehen. Der so verzierte Buchstabe gefiel mir gut, nicht aber meinem Lehrer.

Wutentbrannt fiel er über mich her und schlug auf mich ein. Prügelstrafe an den Schulen war seinerzeit üblich und keinesfalls verpönt, doch auf ein kleines Mädchen einzuschlagen war selbst damals nicht in Ordnung. Ich wusste nicht, wie mir geschah. Hatte ich ahnungsloses Kind das verdient? Aber so ist es, wenn man, ohne böse Absicht die Initialen des Namens seines Lehrers »schändet«. Es war dies meine erste und letzte Dresche in der Schule. Doch zu Hause erzählte ich aus Scham und Furcht nichts.

Ich war ein stilles und schüchternes Kind, kein Problem für unsere Familie wie mein Bruder Erich. Er war zwei Jahre jünger als ich, ein schwer erziehbares Kind, wodurch das Familienklima sehr beeinträchtigt wurde. Er bereitete meiner Mutter und auch mir ein Leben lang große Sorgen und Schwierigkeiten, auch noch lange nach dem Krieg.

In seinen späteren Jahren war er an den Rollstuhl gefesselt und damit nach einem bewegten Leben den Versuchungen dieser Welt, denen er nicht widerstehen konnte, entzogen. Dabei war Erich hochbegabt und sehr musikalisch, beherrschte eine Vielzahl von Musikinstrumenten, und das ohne jeglichen Unterricht. Alles fiel ihm leicht, während ich mir alles erst erarbeiten musste.

Er war der Liebling und Stolz meines Vaters, der ihm zu vieles durchgehen ließ.

Erich war wie mein Vater, vermutlich von diesem beeinflusst, überzeugter Nationalsozialist. Er meldete sich schon als 17-Jähriger freiwillig zum Kriegsdienst und trat sofort der SS bei, der berüchtigten Schutzstaffel Hitlers. Dort stieg er auf der Karriereleiter schnell empor.

Meine Mutter legte viel Wert auf schöne Kleidung, obwohl das Gehalt meines Vaters gering und die Zeiten schlecht waren.

Ein schicker, neuer Frühjahrshut, mit Maiglöckchen oder Veilchen als Zierde, war zu jedem Osterfest unbedingt nötig. Mit vor Schmerzen zusammengebissenen Zähnen stolzierte sie in Stöckelschuhen zur Kirche, selbst wenn diese noch so drückten.

Die Auferstehungsprozession an Ostern mit Blasmusik und »Frühjahrsmodenschau« gehörte zu den Höhepunkten des Jahres und war stets ein großes Ereignis. Der liebe Gott mag wohl gelächelt haben über so viel weibliche Eitelkeit, doch es geschah auch zu seiner Ehre. Ich muss gestehen, dass ich mich in meiner jeweiligen neuen Frühjahrsausstattung nie wohlfühlte und eher schüchtern den Kopf einzog. Nach der Prozession gab es ein feierliches Abendessen mit gefärbten Eiern und Schinken, den wir uns jedoch nicht immer leisten konnten.

Wir Geschwister bekamen alljährlich weiße Matrosenblusen mit einem marineblauen Plisseerock für mich und blauen Hosen für meinen Bruder. Meine Mutter war sehr stolz, wenn die Leute sagten, dass wir wie die Kinder von Kaiser Karl aussähen. Der bereits verstorbene Monarch war der letzte Kaiser von Österreich-Ungarn gewesen, wurde aber immer noch als »Friedenskaiser« verehrt.

Meine Mutter, die immer sehr modisch gekleidet war, konnte uns Kinder schön herausputzen, weil sie viel selbst nähte.

Als ich in der Oberschule immer noch die gleiche Matrosenbluse wie mein Bruder tragen musste, rebellierte ich innerlich, doch niemals hätte ich es gewagt, vor den Eltern etwas zu kritisieren oder mich gar zu beschweren.

Eine meiner Mitschülerinnen meinte kess, ich solle mir ein Tintenfass über die weiße Matrosenbluse schütten, dann wäre das Thema gleich erledigt. Doch so etwas Ungezogenes hätte ich nie getan! Eines Tages war der Matrosenlook aus der Mode gekommen und damit dieses Thema von selbst passé.

Meine Heimat lag in der Tschechoslowakei, die 1918 nach dem Ersten Weltkrieg durch den Versailler Vertrag entstanden war und aus Böhmen, Mähren, einem Teil Schlesiens und der Slowakei bestand.

Wir wohnten in Nordmähren, genauer gesagt im Ostrau-Karwiner Industriegebiet, das früher zur Österreichisch-Ungarischen Monarchie gehört hatte. Neben den Tschechen lebten dort auch viele deutsche und österreichische Familien, die seit Generationen ansässig waren. Das Gebiet liegt etwa dreihundert Kilometer östlich von Prag und war zweisprachig, tschechisch und deutsch. Viele Deutsche beherrschten wie ich die tschechische Sprache. Das sollte mir später einmal sehr zugute kommen.

5. Mai 1932 – Ich bin zehn Jahre alt

Eisenwerke, Kohlegruben und rauchende Schlote prägten die Landschaft. Rot leuchtete bei Nacht der Himmel über Ostrau, flammende Essen loderten empor und verliehen der Stadt eine gespenstische Silhouette. In diesem Gebiet, genauer gesagt in Orlau, einem Städtchen im Ostrau-Karwiner Industriegebiet, hatte ich das Licht der Welt erblickt. Viele Stiegen führten zu der Kirche hinauf, in der meine Taufe stattfand.

Mein Vater war bei der Ostrau-Karwiner Lokalbahn, die von Orlau nach Karwin führte, angestellt, deshalb durften wir die Bahn kostenlos benutzen.

Die Strecke betrug etwa 25 Kilometer bei einstündiger Fahrzeit. Jeder dieser kleinen Orte, die die Bahn miteinander verband – wir nannten sie

Die Kirche in Orlau, in der ich getauft wurde

»Elektrische«, im Schülerjargon »Kiste« – hatte eine oder mehrere Kohlegruben mit dazugehörigen Bergarbeiterkolonien. Viele Bergbauingenieure und Beamte besaßen dort ihre Villen.

Meine Kindheit fiel in eine Zeit, in der die Grenzen meiner Heimat noch vor Beginn des Zweiten Weltkrieges oft verschoben wurden.

Nach dem Münchner Abkommen 1938 wurde das Sudetenland von der Tschechei getrennt und Deutschland zugeschrieben, dann die »Rest-Tschechei« im März 1939 von Deutschland faktisch annektiert und zum »Protektorat Böhmen und Mähren« erklärt. Später fiel die polnisch besetzte Hälfte des Ostrau-Karwiner Industriegebietes an Oberschlesien und somit an das Deutsche Reich. Als Kind hatte ich das freilich nicht registriert, sondern als natürlich hingenommen.

Es bestand nun eine reichsdeutsche Grenze in Radwanitz zwischen dem Protektorat Böhmen und Mähren und Polen. Wenn wir von Peterswald, wo wir später wohnten, nach Ostrau in die Schule fuhren, mussten wir im Grenzgebiet in Radwanitz unsere Grenzausweise vorzeigen, gelegentlich sogar unsere Schultaschen nach Schmuggelware untersuchen lassen. Selbst wir Kinder und Jugendliche wurden gefilzt!

Einmal hatte ich mir einen Hut in Ostrau gekauft und aufgesetzt, ohne ihn anzumelden. Eigentlich hätte er verzollt werden müssen. Wohl war mir nicht dabei, mein Herz klopfte vor Aufregung, zumal mich der Zollbeamte misstrauisch musterte. Doch er ließ mich laufen, ohne mich zu kontrollieren. Was für eine Erleichterung!

Es gab unter den Grenzbeamten auch einige nette Typen, für die wir Mädchen schwärmten. Wir himmelten alles an, was reichsdeutsch war und Uniform trug.

Mein Vater stammte aus Nordböhmen, aus der Gegend von Neu-Paka, Trautenau-Gablonz. Das Riesengebirge war nicht weit entfernt. Mein Großvater war Bahnwärter, vermutlich deshalb arbeitete auch Vater bei der Bahn. Er wohnte mit meiner Großmutter in einem bescheidenen Häuschen. Als kleines Mädchen war ich einige Male dort zu Besuch gewesen, ich erinnere mich noch gut an meine Großeltern.

Wenn mich mein Großvater auf die Wange küssen wollte, rannte ich davon, weil ich seine kratzigen Bartstoppeln fürchtete. Seinen Wunsch, mir Zöpfe wachsen zu lassen, wofür er mir sogar ein neues Kleid versprach, konnte ich ihm mit meinem dünnen Haar nicht erfüllen. So kam ich weder zu Zöpfen noch zu einem Kleid von Großvater. Er sprach nur Deutsch und konnte kaum Tschechisch. Meine Großmutter hingegen war Tschechin und beherrschte kein Wort Deutsch, dennoch hatten sie sich gefunden.

Ich frage mich heute noch, wie sie sich unterhalten konnten, doch es schien zu funktionieren. Immerhin hatten sie zusammen drei Kinder gezeugt, doch dazu braucht es keine Sprache.

Zu den kleinen Vergnügungen, die mir die Großmutter bieten konnte, gehörten in einem Mörser zerstampfte und mit Zucker vermischte Walnüsse.

Oft sagte ich zu ihr auf Tschechisch: »Großmütterchen, komm, Nüsse stampfen«. In dieser Sprache klang das freilich viel schöner, zumal es da das

Vorne mein Großvater (deutsch), Großmutter (tschechisch), dahinter von links nach rechts: Wenzel und Anna (tschechisch) und mein Vater (deutsch)

nüchterne Wort »Großmutter« nicht gibt, sondern eben nur das zärtliche »Großmütterchen«. Dieses »Babička, budeme tlouct ořechy«, konnte ich bereits als ganz kleines Kind auf Tschechisch sagen.

Einmal habe ich der lieben Babička einen Schock versetzt. Sie brachte mir aus der Stadt einen Kleiderstoff mit, wobei sie jammerte, nichts »Gescheites« gefunden zu haben. Eigentlich war es eine Untertreibung, denn sie war stolz auf ihren Einkauf. Obwohl sie nicht viel Geld hatte, wollte meine Babička ihrem Enkelkind eine Freude machen.

Mir gefiel der gelbe Seidenstoff mit den blauen Blümchen und winzigen Punkten sehr, aber ich wollte so klug wie meine Großmutter sein und ihr nach dem Mund reden. So sagte ich altklug: »Ja, es ist ein Fetzen, aber für die Schule wird es gut sein«.

Sie war so enttäuscht! Ich schäme mich heute noch dafür.

Als Dreijährige kehrte ich einmal nach wochenlangem Aufenthalt bei den Großeltern nach Hause zurück. Ich hatte meine Muttersprache vergessen und sprach nur noch Tschechisch, wie mir später erzählt wurde.

Es herrschte bei den Großeltern noch einfaches, unverfälschtes Landleben. Ich erinnere mich vage an Bauernkinder und einen Puppenwagen, in dem wir kleine Katzen spazieren fuhren. Ich liebte es, bei den Großeltern zu sein, obwohl es einfach und sparsam zuging.

Seit jenen Kindheitstagen habe ich meine Großeltern nicht mehr gesehen. Vielleicht war die Entfernung zu groß, vielleicht gab es andere, mir unbekannte Gründe, sodass der Kontakt zu ihnen abriss.

Als ich 15 war, starb meine Großmutter im Alter von 74 Jahren. Ich fuhr zu ihrer Beerdigung in das kleine Dorf. Sie lag im Haus im Sarg aufgebahrt, schwarz angezogen, mager und gelb im Gesicht. Man versteckte damals die Toten nicht im geschlossenen Sarg so wie heute. Die Zurückgebliebenen sollten Gelegenheit haben, die Toten noch einmal zu sehen, um Abschied von ihnen nehmen zu können.

Ich erinnere mich noch heute mit Schaudern, wie mit dumpfen Schlägen der Sarg zugenagelt wurde.

Genau in dem Moment, als der Kirchenchor begann, ein Marienlied zu singen, fiel vom Fensterbrett ein Blumentopf herab und zersprang. Die Trauergäste sahen sich erschrocken an, sie hielten es für ein schlechtes Omen.

Ein Jahr später starb mein Großvater im Alter von 79 Jahren. Nach dem Tod seiner Frau war er vereinsamt, konnte ihren Verlust nicht verwinden und erschoss sich an ihrem Grab. Ich habe das lange nicht erfahren, es wurde innerhalb der Familie streng geheim gehalten. Ich habe nie verstanden, warum.

Die drei Kinder meiner Großeltern gingen verschiedene Wege. Bruder und Schwester meines Vaters bekannten sich zur tschechischen Nationalität, mein Vater hingegen war ein fanatischer Deutscher. Selbst unser Türschild musste in den Nationalfarben schwarz-rot-gold angefertigt sein.

So spalteten die damaligen politischen Verhältnisse die Familien. Vielleicht war dies der Grund, dass der Kontakt zu den Großeltern abgebrochen worden war.

Im Ersten Weltkrieg diente mein Vater bei der Gendarmerie der österreichisch-ungarischen Monarchie. Nach dem Krieg fand er Arbeit bei der Ostrau-Karwiner Lokalbahn in der am 28. Oktober 1918 neu gegründeten, tschechoslowakischen Republik. Er arbeitete dort als Bahnhofsvorsteher, Revisor, zeitweise auch als Wagenführer.

Sein Fanatismus hätte ihn beinahe seine Stelle und womöglich mehr gekostet, als er im Stationsbüro das Bild des damaligen tschechischen Präsidenten Masaryk, des Mitbegründers der unabhängigen Tschechoslowakei war, von der Wand riss und zertrampelte. Einflussreiche Freunde konnten den Vorfall vertuschen und das Schlimmste abwenden.

Meine Mutter stammte aus einem entgegengesetzten Winkel der Tschechoslowakei, nämlich aus Leutschau in der Zips, einem Landstrich in der nördlichen Slowakei. Sie schwärmte oft von ihrer Geburtsstadt, die auf Grund ihrer Kunstwerke und prächtigen Gebäude auch das »slowakische Nürnberg« genannt wurde. Gerne erinnerte sie sich an sonntägliche Standkonzerte der K. und K.-Militärmusik, an promenierende, elegante Frauen und fesche Offiziere – vergangener Glanz der damaligen Donaumonarchie.

Ich bezweifle aber, dass sie selbst das alles erlebt hatte, denn bereits mit zwei Jahren verlor sie ihre Mutter, worauf sie bei einer sprichwörtlich hartherzigen Stiefmutter eine traurige Kindheit durchmachen musste.

Als sie zwölf Jahre alt war, starb auch ihr Vater. Sie lebte eine Weile bei ihrer um elf Jahre älteren Schwester. Sie beide waren die Einzigen, die von neun Geschwistern übrig geblieben waren. Die anderen hatte der Tod im Kindesalter dahingerafft. Die Kindersterblichkeit war damals sehr hoch, doch dass von neun Kindern gleich sieben starben, war selbst zu dieser Zeit ungewöhnlich und erschütternd.

Später kam meine Mutter zu einer Baronin »in Stellung«, wie man damals die Arbeit als Hausangestellte nannte. Dort ging es ihr sehr gut, sie wurde wie eine Tochter behandelt und eignete sich viele Kenntnisse an. Als Waise musste sie früh lernen, auf eigenen Beinen zu stehen, errang Selbstständigkeit und Selbstbewusstsein, was mir fehlte.

Oft erzählte sie von »ihrer« Baronin, die dahinschmolz, wenn feurige Roma und Sinti sie »umgeigten«. Mag sein, dass aus jener Zeit ihr Hang zu Höherem stammte, den sie zeitlebens nicht verlor.

Ihren ersten Verlobten hatte sie mitleidlos sitzen gelassen, da er ihr zu klein von Statur und zu weichherzig war und sie ständig umturtelte, was ihr nicht gefiel. Sie verließ ihn während einer gemeinsamen Zugreise, stieg einfach aus und fuhr in der Gegenrichtung davon.

Später heiratete sie meinen Vater, der groß und energisch war und Uniform trug, wenn auch nur eine Eisenbahneruniform. Doch Uniformen zogen junge Mädchen an wie Nektar die Bienen. Mag sein, dass sie sich meinen Vater im Laufe der Jahre etwas weniger energisch gewünscht hatte.

In meiner Kindheit besaßen wir immer Hunde, denn mein Vater war ein Hundenarr und dressierte die Tiere stundenlang. Meist waren es Deutsche Schäferhunde, die Lux hießen.

Doch der Liebste unserer Hunde war mir ein Bernhardiner. Ich brachte ihn eines Tages in der Schultasche nach Hause. Als ich ihn herauskullern ließ, sah er aus wie ein kleines Wollknäuel auf kurzen Beinchen. Nach und nach entwickelte er sich zu einem riesigen Tier, tollpatschig und gutmütig, der einen aus großen, braunen Augen, mit schräg geneigtem Kopf, treuherzig ansah. Er packte meinen kleinen Bruder gerne am Kragen und zog ihn, zu dessen Begeisterung, in der Küche herum.

Einmal jedoch bereitete er uns Kummer. Er sprang nachts im Garten in ein Frühbeet aus Glas und schnitt sich dabei den inneren Oberschenkel auf. Eine lange Blutspur hinter sich ziehend kam er in die Wohnung gelaufen. Wir gossen im ersten Schreck ein Fläschchen Jod auf die Wunde, was schrecklich gebrannt haben musste, doch er ertrug es geduldig. Er wurde verbunden und in die Kammer gesperrt. Ich betete die ganze Nacht, dass Bary am Leben bleiben solle.

In der Früh wagte niemand, nach ihm zu sehen, aus Angst, er sei verendet. Doch als ich zur Kammertür kam, nahm ich ein gleichmäßiges, vertrautes Klopfen wahr. Er hatte mich gehört und wedelte freudig mit dem Schwanz. Wie waren wir froh, dass er lebte! Später mussten wir ihn aus Platzmangel verkaufen, er war zu riesig für unsere kleine Wohnung geworden. Bei seinem neuen Besitzer lief er in ein Auto und wurde so schwer verletzt, dass man ihn einschläfern musste. Das machte mich sehr traurig.

Der nächste Hund – mein Vater hielt es nie lange ohne Hunde aus – war ein eleganter Windhund, der »Blitz« genannt wurde. Er war nicht mehr jung, als wir ihn erhielten, aber er war ein wunderschönes, reinrassiges Tier.

Oft führte ihn meine Mutter, in grünem Lodenmantel und ein Hütchen mit Gamsbart auf dem Kopf, stolz durch den Ort spazieren. Einmal jedoch rannte er mit Riesensprüngen querfeldein davon und zog meine Mutter hinter sich her. Das imposante Bild »Dame mit Hund« war dahin! Sie erwischte ihn noch – leider, muss ich sagen. Denn kurz darauf biss er mich knapp neben der Hauptschlagader in den Arm, weil es ihm nicht passte, dass ich ihn streicheln wollte.

Ich höre heute noch, wie er wütend knurrte, seine spitzen Zähne fletschte und zubiss. Mein Vater griff mit dem Schürhaken ein, worauf Blitz von mir abließ. Ich musste zum Arzt, um die Wunde versorgen zu lassen. Noch heute sieht man die Narben auf meinem Arm. Blitz wurde schleunigst verkauft, weil er eben unberechenbar und bissig war, was vermutlich der Vorbesitzer aus demselben Grund getan hatte.

Die Sonntagnachmittage meiner Kindheit bestanden überwiegend darin, dass wir mit der Straßenbahn zur »Tanta«, der Schwester meiner Mutter, nach Ostrau fuhren. Sie war mit einem Malermeister verheiratet und kinderlos.

Mein Vater saß dann vor dem »Kristallradio«, einem einfachen Gerät mit Detektoren aus den Anfangstagen des Rundfunks mit Detektoren, und stocherte am Kristall herum, um die Sender zu finden.

Mutter und Tante tauschten sich über ihre diversen Krankheiten aus, was ich schon nicht mehr hören konnte. Dann zückte Mama ihre Tarotkarten, um für die Tante Ereignisse der kommenden Woche vorherzusagen. Und manchmal gingen ihre Prophezeiungen sogar in Erfüllung!

Wir waren katholisch. Erstkommunion und Firmung wurden ausschließlich in der Kirche gefeiert, weltliche Feiern waren nicht üblich.

Auch Süßigkeiten wurden einem nicht so nachgeworfen, wie den Kindern heute. Ein Nikolaus oder ein Osterhase aus Schokolade war etwas Besonderes. Ich versteckte die Leckereien meist, um mir nach und nach ein kleines Stückchen zu genehmigen. Wenn mein Osterhase dann von mir aus seinem

Versteck hervorgeholt wurde, musste ich oft voll Wut feststellen, dass ihm mein Bruder ihm heimlich die Füße oder Ohren abgebissen hatte.

Eigentlich war ich ein gesundes Kind, doch mit zehn Jahren brachte man mich mit Scharlach für ganze sechs Wochen ins Krankenhaus, wo ich vollkommen isoliert wurde.

Der einzige Kontakt zu meinen Eltern bestand durch das geschlossene Fenster, wobei ich mich mittels Schreien verständlich machen musste. Was für ein Stimmengewirr, wenn die mehr als zwanzig kleinen Patienten an den Fenstern hingen und nach draußen brüllten!

Was er mir mitteilen wollte, schrieb mein Vater auf ein Stück Papier, das er an die Scheibe hielt, sodass ich es lesen konnte.

Das waren meine frühen Jahre der Kindheit.

Endlich ein »Backfisch«!

Ich konnte es kaum erwarten älter zu werden, ein »Backfisch« zu sein, heute würde man es »Teenager« nennen.

Endlich war es so weit: Die Schuleinschreibung für das Mädchenrealgymnasium stand bevor. Etwas beklommen marschierte ich mit meiner Mutter zum Schulgebäude.

Der Direktor war ein imposanter Mann mit stahlblauen Augen und schwarzem Vollbart. Dass er sich einige Jahre später das Leben nehmen würde, weil er Jude war, konnte man nicht ahnen.

Er stellte die obligatorischen Fragen, die von mir schüchtern beantwortet wurden, wobei ich mir aus Verlegenheit ständig mit der Hand eine Haarsträhne unter meinen roten Matrosenhut strich. Die Aufnahmeprüfung war erfolgreich, und so begann meine achtjährige Oberschulzeit.

Die gesamte Familie war nun auf ihre Gymnasiastin stolz. Täglich musste ich etwa eine halbe Stunde mit dem Zug von Orlau nach Ostrau fahren und dann von der Bahnstation etwa zwanzig Minuten zur Schule gehen. Bei strengem Winterwetter, wenn es einen an den Fingern und Füßen fror, schien mir der Weg endlos.

Der Großteil meiner Klassenkameradinnen und auch einige Lehrer waren jüdisch. Damals fragte niemand danach, wir vertrugen uns und waren befreundet.

Als meine jüdische Mitschülerin Ruth einmal zu mir sagte, »du hast ja Kuhaugen«, war ich schrecklich wütend auf sie.

Wegen meiner langen Nase, meiner abstehenden Ohren und meiner dünnen Haare fand ich mich als Backfisch absolut hässlich. Nun wurden mir auch noch »Kuhaugen« zugeschrieben!

Die Familie dieser Jüdin war sehr wohlhabend. Ruth spielte Tennis, lernte reiten und fuhr in den Ferien ins Salzkammergut. Das alles waren Privilegien, die sich nur reiche Leute leisten konnten.

Kurz nach Kriegsende las ich in einem Amtsblatt, dass sie für tot erklärt worden war. Das hat mich tief erschüttert. So war auch sie in dieser schrecklichen Zeit mit größter Wahrscheinlichkeit den Weg von Millionen von Juden zur Ermordung in einem deutschen Konzentrationslager gegangen.

Kleine Unterschiede unter uns Schülerinnen gab es wohl in der Herkunft: »Akademikertochter« oder »Beamtentochter«, aber das verwischte sich im Laufe der Jahre. Als wir 1939 durch die Annexion der Tschechoslowakei »heim ins Reich« kehrten, hielten wir uns als Deutsche ohnehin für etwas Besseres als die Tschechen oder Juden.

Die Schulzeit brachte ihre Höhen und Tiefen.

Wenn ich heute meine damaligen Lehrer Revue passieren lasse, fällt mir auf, dass mir einige von ihnen sehr alt vorkamen. Doch so alt konnten sie nicht gewesen sein, da sie noch im Schuldienst waren.

Aber als jungem Menschen kommen einem selbst die Eltern alt vor.

Einen Mathematikprofessor fürchtete ich in der untersten Klasse ganz besonders. Es war Professor Franz Lorenz, der schon äußerlich den Eindruck eines sehr alten Herrn machte. Mit seinem dicken, grauen Schnauzbart erinnerte er mich an einen Seelöwen. Selbst heute noch muss ich, wenn ich einen Seelöwen sehe, an ihn denken.

Er war wohl krank, denn er war quittengelb im Gesicht und schrecklich »grantig«. In seinem Zorn schmetterte er gelegentlich einen ganzen Stoß Hefte auf den Boden, nicht selten flog der schwere Tafelzirkel samt Transporteur in die Klasse, sodass alle schnell die Köpfe einzogen.

Ab und zu bekam er einen Niesanfall, bei dem er gar nicht aufhören konnte zu nießen, was uns sehr belustigte. Mit seinem im Taschentuch vergrabenen Gesicht konnte er unser Feixen glücklicherweise kaum wahrnehmen, sonst hätte es ein schreckliches Donnerwetter gegeben.

Eines Tages hatte Mama die glorreiche Idee, für mich ein blaues Band mit Schleife als Haarschmuck zu nähen. Dieser Blickfang wurde mir zum Verhängnis.

Obwohl ich mich in der Bank klein machte und hinter meiner Mitschülerin verkroch, hatte mich der gefürchtete Lehrer bemerkt: »Die da mit dem blauen Mascherl!«, rief er, und holte mich vor an die Tafel. Ich habe diese Szene überlebt, verwünschte aber mein blaues Mascherl und nahm es immer vor der Schule vom Kopf.

Einige Jahre später hatte ich nochmals ein Erlebnis mit ihm. Bei einer Schulveranstaltung im Turnsaal, bei der etwa vierhundert Schülerinnen versammelt waren, wurde mir plötzlich schwarz vor Augen. Als ich blinzelnd wieder zu mir kam, lag eine Hand auf meiner Stirn. Mein Mathelehrer beugte sich mit fürsorglichem Blick über mich. Vor Schreck schloss ich die Augen und täuschte eine weitere Ohnmacht vor. Seine väterliche Besorgnis aber hatte mich doch beeindruckt, er schien gar nicht so böse zu sein.

Professor Karl Ruis war unser Deutschlehrer. Er war Junggeselle und verbrachte seine Abende bis in die frühen Morgenstunden in einem Weinlokal in Ostrau. Oft kam er vormittags mit einer Fahne aus Rauch und Alkohol in die Klasse.

Heute denke ich, dass er sich einsam fühlte und seinen Kummer im Wein ertränkte. Er war sehr sentimental und konnte kein Gedicht vorlesen, ohne dass sich seiner eine heftige Gemütsbewegung bemächtigte, besonders, wenn es im Gedicht um Liebe ging. Er war unfähig, seiner Rührung Herr zu werden und seine Tränen zurückzuhalten.

Wir spotteten, lachten und feixten darüber, aber eigentlich hatten wir ihn ganz gern. Worüber amüsiert man sich in diesem Alter nicht? Es musste in Geografie nur vom »Meerbusen« die Rede sein, schon wurde hinter vorgehaltener Hand gekichert.

Unserem Zeichenlehrer Professor Julius Spiegel setzte die Klasse besonders zu. Er war Jude und von kleiner, zierlicher Statur. So konnte er sich gegenüber seinen Schülern nur schlecht behaupten, sie konnten ihm buchstäblich auf den Kopf spucken.

Als wir einmal auf der Rückseite einer seiner ausgehängten Zeichnungen eine von ihm gefertigte Aktstudie fanden, nahm das Gespött kein Ende, der Arme konnte sich des hämischen Gelächters kaum erwehren.

Nicht zu übersehen war Professor Ernst Gretzer, unser Religionslehrer, der uns alles lehrte, nur nicht Religion.

Er sah gut aus, war groß und schlank. Und lackierte sich die Fingernägel! Der Wahnsinn! Er ließ sich von uns Schülerinnen anhimmeln und sonnte sich in seinem Glanz.

In der Früh holten wir ihn vom Pfarrhof ab. Inmitten der Mädchenschar schritt er mit hoch gereckten Schultern und dem stolzen Lächeln eines Siegers zur Schule. Seine Schwäche war halt die Eitelkeit.

Ansonsten war er ein sehr guter Prediger. Bei seinen Maiandachten war die Kirche rappelvoll. Schon deswegen, so bin ich überzeugt, wird Gott beim letzten Gericht trotz seiner »Wurzelsünde«, der Eitelkeit, ein Auge zugedrückt haben.

Wir hatten auch Lehrerinnen. Eine war Professor Valerie Ružička, was auf Deutsch »Röschen« heißt. Sie war für Sprachen zuständig. Ein Röschen war sie freilich nicht mehr, sondern bereits im Stadium einer verwelkenden Rose.

Vergeblich versuchte sie, mit viel Puder und Schminke die Spuren zu verbergen, die der Zahn der Zeit auf ihrem Gesicht hinterlassen hatte. Zu ihren rot gefärbten Haaren trug sie mit Vorliebe lila Tücher und extravagante Kopfbedeckungen. Obwohl wir über sie kicherten, mochten wir sie im Grunde genommen ganz gerne.

Eine unangenehme Situation ereignete sich damals in der Abiturklasse, als ich mit meinem Verlobten Franz in der Straßenbahn fuhr und bemerkte, dass sie uns gegenübersaß. Es war mir so peinlich! Ich brachte keinen Ton heraus und zählte die Minuten bis zum Aussteigen. Riskierte ich einen scheuen Blick in ihre Richtung, starrten ihre Augen unbewegt ins Leere.

So war das damals mit der Autorität!

Vor Lehrern und Erziehungsberechtigten hatte man Respekt! Dabei hätte ich doch stolz darauf sein können, mich in Begleitung eines deutschen Offiziers zu befinden, der noch dazu eine Uniform trug.

Die übrigen Lehrer waren mehr oder weniger unauffällig und blieben mir nicht besonders in Erinnerung. Doch auch sie haben meine Jugend mitgeprägt.

Sie alle leben längst nicht mehr, sind zu Staub geworden. Doch in meiner Erinnerung bleiben sie bis zum Ende meiner Tage bestehen, denn das Wissen, das sie mir vermittelten, begleitet mich durch mein ganzes Leben.

Meine Eltern waren strikt dagegen, dass ich, wie meine Mitschülerinnen, mit den Schülern des benachbarten Gymnasiums Kontakte pflegte.

Einmal aber machte mir doch ein Gymnasiast namens Walter den Hof. Der gut aussehende Sohn einer italienischen Mutter hatte braune, lockige Haare. Er bemühte sich, mit mir in Kontakt zu kommen, was bei einem so schüchternen Mädchen wie mir nicht leicht war. Wann ich mich mit ihm treffen könne, wollte er von mir wissen. So ein Rendezvous sahen meine Eltern nicht gern, doch wenn man etwas fest will, findet man einen Weg.

Also benutzten wir meinen Nachmittagsunterricht, bei dem ich bis 16.30 Uhr Stenografie lernte. Walter wartete an der Ecke und amüsierte sich vermutlich über meine Besorgtheit im Hinblick auf meine Eltern.

Um Zeit zu gewinnen, schwindelte ich zu Hause vor, meine Tante besuchen zu wollen. Der Weg dauerte zwanzig Minuten, also vierzig Minuten hin und zurück.

Folgsam besuchte ich die Tante, wenn auch nur für schnelle fünf Minuten, damit für den Spaziergang mit Walter etwas mehr Zeit blieb. Dabei war ich schrecklich angespannt und sah dauernd auf die Uhr, denn meine Eltern hatten mir befohlen, spätestens mit der Straßenbahn um 18.40 Uhr heimzukommen.

Oft musste ich in schnellem Tempo über die Promenade hetzen, um diese Straßenbahn noch zu erreichen, während meine Mitschülerinnen mit ihren Freunden verliebt auf und ab spazierten. Der arme Walter musste dann hinter mir herrennen. Viel Freude hatte er in den wenigen Wochen unserer ersten Verliebtheit sicher nicht!

In diesen Jahren hatte ich einige »offizielle« Auftritte, vor denen mir schrecklich graute.

Einmal war es meine Aufgabe, in der Kirche neben der Marienstatue ein tschechisches Gedicht zur

Maiandacht aufzusagen, dabei an einer bestimmten Stelle des Textes auf die Statue zu schauen und mir gleichzeitig theatralisch ans Herz zu fassen.

Meiner Meinung nach war das kitschig und übertrieben, mir war nicht wohl dabei, aber meine Mutter war sehr begeistert. Nebenbei bemerkt trug ich zu dieser Zeit bereits voller Stolz meine ersten Seidenstrümpfe und Stöckelschuhe, was mir das Gefühl gab, schon sehr erwachsen zu sein.

Bei der Begrüßung von Kardinal Bertram, der die Firmung durchführte, musste ich erneut auftreten. Wir gehörten damals zur Diözese Breslau. Weil der Kardinal nicht Tschechisch konnte, musste ich ihn in unserem überwiegend tschechischen Ort mit einem deutschen Gedicht und gelben Rosen begrüßen.

»Ein Freudentag ist angebrochen, es feiert ihn der ganze Ort, die Kinderherzen jubelnd pochen, der Mund hat nur ein dankend Wort …«, musste ich vortragen. Aber mein Herz pochte nicht jubelnd, sondern schlug in panischer Angst bis zum Hals.

Seine Eminenz sprach ein paar nette Worte zu mir und nahm mir das Versprechen ab, immer brav und katholisch zu bleiben. Dann stotterte er mehr schlecht als recht einen tschechischen Satz, womit er die Sympathien der heimischen Bevölkerung errang.

Ein weiteres nachhaltiges Ereignis war meine Teilnahme an der Primizfeier eines Nachbarsohnes, eines stillen jungen Mannes, der seine Berufung ernst nahm.

Ich durfte mit anderen Mädchen Ehrenjungfrau sein. Es waren etliche Vertreter der Geistlichkeit anwesend, ob schon zum Priester geweiht oder nicht, weiß ich nicht. Jedenfalls waren sie sehr übermütig und schäkerten ausgelassen mit den Mädchen herum. Auch in ihren frechen Liedern, die von vergeblicher Liebe und Frauen im Beichtstuhl handelten, war keinerlei Frömmigkeit zu erkennen.

Sehr enttäuscht, ja fast entrüstet kam ich nach Hause. Diese jungen Männer entsprachen überhaupt nicht meiner Vorstellung von einem Priester!

Einmal marschierte ich in einer slowakischen Tracht, mit Ährenkranz auf dem Kopf, zu einem Erntefest im Wiesengrund, das der Katholische Verein veranstaltete.

Gleich zu Beginn schenkte mir der Herr Pfarrer sein Tombola-Los. Natürlich zog ich damit den Hauptgewinn, der eigentlich dem Herrn Pfarrer zugedacht war. Es war ein lebendiges Suppenhuhn!

Ratlos stand ich da, den Käfig mit dem Huhn in der Hand. Irgendwie brachte ich das Federvieh nach Hause, und wir aßen dann vergnügt die Hühnersuppe, die für den Herrn Pfarrer bestimmt war.

So verbrachte ich eine schöne Kindheit und Jugend, an die ich mich immer noch gerne erinnere.

Eine neue, eine andere Zeit bricht an

Am politischen Himmel zogen dunkle Wolken auf, die sich mehr und mehr verdichteten. Konrad Henlein, ein Deutscher aus dem Sudetengebirge, der ursprünglich Bankbeamter und Turnlehrer war, hatte die »Sudetendeutsche Heimatfront« gegründet. Sie wurde später, vom Deutschen Reich unterstützt, zur »Sudetendeutschen Partei«, abgekürzt »SdP«.

Diese Partei war maßgeblich mit daran beteiligt, dass mit dem »Münchner Abkommen« – einem Vertrag, der 1938 in München zwischen Deutschland, Italien, Frankreich und Großbritannien ohne die Tschechoslowakei vereinbart worden war – die Abtretung der sudetendeutschen Gebiete in der Tschechoslowakei an das Deutsche Reich verfügt wurde. Man stelle sich vor, dass diese Staaten den verbrecherischen Machthunger Hitlers unterstützten!

Durch die Parolen dieser »SdP« beeinflusst, besannen wir uns mehr und mehr unseres »Deutschtums« und zogen als Ausdruck unserer deutschen Gesinnung in Dirndlkleidern und weißen Kniestrümpfen mit Zopfmuster, »Sieg Heil« rufend, zu den angeordneten Kundgebungen. Nichts anderes wollten wir als »Heim ins Reich«. Damals konnten wir nicht im Geringsten ahnen, unter welch furchtbaren Umständen dieser Wunsch Jahre später in Erfüllung gehen sollte.

In wenigen Jahren nach dem verlorenen Krieg würden die jetzt unterdrückten, verfolgten und diskriminierten Tschechen die Deutschen ihres Hab und Guts berauben. Sie würden ihre Unterdrücker, soweit sie sie nicht ermordet hatten, aus ihrer Heimat vertreiben: »Jetzt könnt ihr heim in euer Reich!«, würden sie uns Deutschen höhnisch nachrufen, wenn sie uns, wie Tiere in Güterwaggons gepfercht, aus dem Land trieben. Die Rache der Tschechen für die an ihnen verübten Gräueltaten und Diskriminierungen würde schrecklich sein.

Doch damals ahnte man das alles nicht, wir Deutschen fühlten uns als die »Herrenrasse« im Recht, wie es uns der »Führer« eingetrichtert hatte.

Die politischen Machenschaften während der Henleinzeit, der später von Hitler zum Gauleiter des Sudetenlandes und Reichsstatthalter befördert wurde, hatte ich als Jugendliche nicht registriert. Es interessierte mich nicht, man machte halt das, was auch die anderen machten: Man »siegheilte« und jubelte enthusiastisch mit: »Ein Volk, ein Reich, ein Führer!«. Wir sahen eine glänzende Zukunft vor uns. Erst viele Jahre später wurde uns bewusst, welche Verbrechen von den Nazis verübt worden waren.

An einem Märzabend im Jahre 1939 geschah es:

Ich saß zu Hause über einer Lateinaufgabe, als ich durch das Fenster draußen in der Finsternis eine lange Lichterkette die Anhöhe von Schlesisch-Ostrau herunterkommen sah. Es waren deutsche Panzer!

Die tschechischen Mieter im Haus, mit denen wir bis dahin in guter Nachbarschaft gewohnt hatten, waren außer sich vor Angst. Beklommen fragten sie meine Mutter: »Was wird nun mit uns geschehen? Es ist doch unsere Heimat, die ihr jetzt in Besitz nehmen wollt!«

Meine Mutter beruhigte sie: »Nichts«, sagte sie, »nichts wird Ihnen geschehen. Wir Deutsche sind anständige Menschen.« Es geschah den Tschechen auch nichts – vorerst.

In der Nähe unserer Wohnung war eine tschechische Kaserne. Die tschechischen Soldaten hatten die Wahl, sich widerstandslos zu ergeben oder in die Luft gejagt zu werden. Sie entschieden sich für Ersteres. Nun brach ein unbeschreiblicher Jubel aus, ein wahrer Rausch erfasste alle Deutschen.

Man kann nicht beschreiben, was sich auf Ostraus Straßen und Plätzen tat.

Lautsprecherwagen spielten Marschmusik, die Menge tanzte, sang und schunkelte. Im Triumphzug wurden die deutschen Soldaten auf den Schultern der Männer in die Häuser getragen und königlich bewirtet. Ein Jubel ohnegleichen.

Wir Jugendliche saßen im »Deutschen Haus« und trennten tschechische Fahnen auf, um aus dem Stoff Hakenkreuzfahnen zu nähen! Tschechische Frauen gingen am Haus vorbei und zeigten uns hasserfüllt die Zunge. Wir aber lachten nur, wir waren die Sieger!

Es dauerte Tage, bis man sich beruhigt hatte und wieder zum Alltag überging. Wir jungen Mädchen schwärmten von den deutschen Soldaten und sahen zu ihnen auf wie zu Göttern. Die armen Gymnasiasten wurden, nun uninteressant geworden, ins Abseits gestellt. Was war schon ein Gymnasiast gegen einen deutschen Soldaten?

Im Bräuhaushof von Radwanitz teilte die »Nationalsozialistische Volkswohlfahrt« (NSV) an die arme Bevölkerung Suppe und Brot aus, während in den Nebengebäuden Soldaten mit ihren Pferden lagerten.

Manchmal half ich bei der Brotausgabe mit, so auch am Ostermorgen im April 1939. Plötzlich sah ich mich im Hof von Soldaten umringt, die sich mit mir unterhalten wollten. Wir Mädchen waren nämlich sehr gefragt.

In vorlauter, frecher Backfischmanier ließ ich angeberisch meine Schulweisheiten einschließlich lateinischer Vokabeln auf die jungen Männer niederprasseln, was sie sehr zu beeindrucken schien. Sie standen da mit offenem Mund. Eigentlich war Angeben nicht meine Art. Wir lebten jedoch in einem Ausnahmezustand, und da waren alle wie berauscht.

Ich hätte sicher munter mit meinem Wissen weiter geprahlt, hätte sich nicht ein großer, blond gelockter Gefreiter der Gruppe genähert, und damit trat Franz in mein Leben.

Er nahm das Wortgefecht mit mir auf und erwies sich als ebenbürtiger Gesprächspartner, der meiner Angeberei durch entsprechendes Kontra Einhalt gebot.

Als ich meinen Eltern davon erzählte, ermunterten sie mich, den jungen Mann mit nach Hause zu bringen, immerhin war er Soldat und damit etwas Besonderes. Man bewunderte die jungen Männer, die bald in den glorreichen Krieg ziehen würden, zur Rettung des Vaterlandes.

Nichts war mir lieber als dieser Vorschlag meiner Eltern, und als ich den Gefreiten am nächsten Tag wie zufällig wieder traf, lud ich ihn zu uns nach Hause ein. Er war hoch erfreut.

Franz besuchte mich zwei Mal und wir musizierten zusammen. Ich spielte Klavier, er begleitete mich auf der Geige.

»Träume von der Südsee« spielten wir hingebungsvoll, und weil Franz auch noch schön sang, eroberte er nicht nur mein Herz, sondern die Herzen der ganzen Familie im Sturm.

Als er das zweite Mal kam, bat er um Schuhputzzeug, um seine staubigen Stiefel reinigen zu können. In dem Augenblick als er sich bückte, geschah etwas ganz Seltsames: Für den Bruchteil einer Sekunde schoss, wie auf einem Foto, das Bild von einem gemeinsamen Leben mit Franz durch meinen Kopf. Es war wie ein Fenster in die Zukunft.

Nie hatte ich vorher an so etwas wie Ehe gedacht, ich war doch noch viel zu jung und hatte erst meinen 16. Geburtstag gefeiert. Außerdem währte die Begegnung mit Franz noch nicht lange. Trotzdem, so scheint es mir heute, hatte mir das Schicksal für einen winzigen Moment einen Blick in mein künftiges Leben gezeigt.

Nach fünf Tagen musste die Einheit von Franz den Ort verlassen und zog weiter. Zurück blieben eine schöne, zarte Erinnerung und ein Briefwechsel, der uns in der nächsten Zeit die einzige Gelegenheit bot, uns näher kennenzulernen.

Franz, meine große Liebe

Franz stammte aus Beuthen, einer oberschlesischen Industriestadt, etwa hundert Kilometer nördlich von Ostrau, auf Reichsgebiet gelegen.

Er war der Älteste von acht Geschwistern, von denen zwei im Kindesalter gestorben waren. Das bescheidene Gehalt seines Vaters, eines kleinen Postbeamten, reichte für die große Familie kaum aus, und so standen mancherlei Entbehrungen auf der Tagesordnung, zumal für die Kinder Schulgeld entrichtet werden musste. Doch auf eine gute Schulbildung legten die Eltern trotz aller Bedürftigkeit großen Wert.

So manches Mal, erzählte mir Franz, zog er im Winter zusammen mit seiner Mutter den Handwagen, in dem sich der monatliche Lebensmitteleinkauf befand, mit steif gefrorenen Fingern nach Hause. Der Haushaltsetat wurde meist überschritten, und so musste man »anschreiben« lassen. Dieses Geld fehlte dann im nächsten Monat in der Haushaltskasse. Auf diese Weise häuften sich die Schulden der Familie immer weiter an.

Seine Geschwister hingen Franz dauernd am Rockzipfel. Kaum hatte er sich einmal auf den Fußballplatz weggestohlen, tauchte schon wieder ein kleiner Bruder auf, mit dem er sich beschäftigen musste. Seine Geduld, die er sich wohl in dieser Zeit angeeignet hatte, begleitete ihn zeitlebens, sei es im Umgang mit seinen Kindern und Enkelkindern und nicht zuletzt im Beruf mit seinen Schulkindern.

Einen seiner Brüder verlor Franz im Krieg, seine Schwester erlag mit 26 Jahren einem Lungenleiden. Die anderen Geschwister kamen mit den Eltern 1958 als Spätaussiedler in den Würzburger Raum, wo die Eltern in den siebziger Jahren starben.

Nach seinem Abitur musste Franz sofort zum Reichsarbeitsdienst, dem »RAD«. Im Zuge der Errichtung des NS-Regimes nach 1933 zwang die Reichsregierung jeden jungen Erwachsenen zwischen dem 18. und 25. Lebensjahr, unabhängig vom Geschlecht, »gemeinnützige« Arbeiten zu verrichten. Dieser »Dienst« wurde vorläufig auf ein halbes Jahr festgelegt.

Ziel war es, »die deutsche Jugend im Geiste des Nationalsozialismus zur Volksgemeinschaft und zur wahren Arbeitsauffassung, vor allem zur gebührenden Achtung der Handarbeit, zu erziehen«. Dazu wurden die jungen Männer und Frauen in der Urbarmachung von Land, im Straßenbau, in der Landwirtschaft sowie im Aufbau militärischer Abwehranlagen wie dem »Westwall« eingesetzt.

Sofort nach seinem Arbeitsdienst wurde Franz zur Wehrmacht eingezogen, da war keine Gelegenheit ein Studium zu beginnen oder einen Beruf zu erlernen.

Bedeutsame Tage waren also die Ostertage des Jahres 1939 für mich, in denen ich meine große Liebe Franz kennenlernte.

Bei uns begann Ostern damit, dass mein Vater mir am Morgen die Zudecke wegzog und mich mit

Erste Liebe

Parfüm bespritzte. Dann wartete ich den ganzen Vormittag ängstlich, wer mich noch »begießen« würde, denn der Ostermontag war der große Tag der Männer.

Sie besuchten alle ihnen bekannten Frauen und Mädchen, um sie mit duftenden Wässerchen zu besprengen.

Manchmal gab es dazu ein paar Schläge mit der geflochtenen, bändergeschmückten Osterrute auf die Waden. »Schmeck Ostern«, sagte man zu dieser Prozedur. Die Männer erhielten dafür ein gefärbtes Osterei, oft auch ein Schnäpschen.

Dass deren im Laufe des Vormittags zu viele geworden waren, konnte man um die Mittagszeit beobachten, wenn die Männer und Burschen ziemlich beschwipst, den Hut im Genick, singend und grölend heimwärts wankten.

War der Angriff mit dem Parfümfläschchen die normale, feinere Art, so gab es auch frechere Burschen, die einen gleich mit der Siphonflasche attackierten. So erging es mir einmal vor dem Kirchgang, als so ein Rabauke den Wasserstrahl ausgerechnet auf meine frisch gedrehten Stopsellocken richtete, die danach in traurigen Strähnen herabhingen. Auch hörte man von groben Burschen, die von ihren Osterruten ausgiebig Gebrauch machten und die Mädchen zum Brunnen zerrten, um sie dort bis auf die Haut zu durchnässen. Ich liebte diese Bräuche nicht sonderlich. Am Osterdienstag dann kam der Tag der Frauen, doch sie beschränkten ihre Spritzerei auf die eigene Familie.

1939 war ein herrlicher Sommer! Nie vorher war das Leben für mich so beschwingt und fröhlich gewesen wie in diesem Jahr. Ein bisschen Freiheit hatten mir meine Eltern in meinem 18. Lebensjahr gewährt, wenn auch in beschränktem Maß. Ich genoss diese Zeit zusammen mit meinen Freundinnen in vollen Zügen. Es gab viele Tanzveranstaltungen und zahlreiche Feste, wobei mir die Zukunft in den schönsten Farben erschien.

Damals wurde das tägliche Leben aber auch von Organisationen und Appellen bestimmt. Die Frauen traten in die Frauenschaften ein, viele Männer schlossen sich der Sturmabteilung SA oder der Schutzstaffel SS an.

Die Burschen waren in der Hitler-Jugend und marschierten stramm zum Geschmetter des Spielmannszuges durch die Stadt. Die Mädchen waren Mitglied im »BdM«, dem »Bund Deutscher Mädchen«, dem natürlich auch ich beitrat. Alles war genauestens organisiert, was uns gefiel, und wir waren stolz, dazuzugehören.

Im tschechischen Radwanitz waren wir nur zehn Mädchen deutscher Nationalität, dennoch marschierten wir in kleiner Gruppe singend durch den Ort: »Als die gold'ne Abendsonne, sandte ihren letzten Schein, zog ein Regiment von Hitler, in ein kleines Städtchen ein ...«. Was waren wir begeistert!

Doch dann kam der 1. September 1939. Der erste Akt der deutschen Tragödie begann.

An allen Ecken schrien die Zeitungsverkäufer in die Menge: »Deutschland hat Polen den Krieg erklärt!«

Im Radio ertönten die berühmt gewordenen Worte Hitlers: »Seit 5 Uhr 45 wird zurückgeschossen.«

Der Angriff auf Polen wurde uns als Vergeltungsschlag gegen den polnischen Überfall auf den Sender Gleiwitz in Schlesien verkauft. Selbst als aus der Ferne Geschützdonner grollte, wurde mitgefiebert.

»Der Führer wird es ihnen schon zeigen, den frechen Polen.« Und er zeigte es ihnen!

In einem dreiwöchigen Blitzkrieg, an dem auch Franz teilnehmen musste, wurde Polen besiegt, doch dieser Feldzug forderte seinen Blutzoll.

Ein junger Flaksoldat, den ich kannte, war der erste meiner Freunde, der bereits am 16. Kriegstag fiel. Das erschütterte mich so sehr, dass ich sein Sterbedatum bis heute nicht vergessen habe und alljährlich am 16. September daran denke.

Es blieb nicht beim beim Polenfeldzug. Größenwahnsinnig trieb Hitler die Regimenter nach Frankreich und schließlich, um die Katastrophe weiter zu schüren, nach Russland.

In unerschütterlichem Glauben an den Sieg folgten sie ihm willig, auch die Bevölkerung glaubte lange an den »Endsieg«, den die Parolen versprachen.

Doch es dauerte nicht allzu lange, bis den ersten ruhmreichen Siegen der aus unserer Sicht heldenhaften Kämpfer katastrophale Niederlagen folgten, die den Weg ins Verderben vorbereiteten.

Immer länger wurden die Listen der Gefallenenanzeigen, immer mehr junge Menschen opferten ihr hoffnungsvolles Leben sinnlos für »Führer, Volk und Vaterland«, starben den »Heldentod«.

Doch noch, anno 1940, waren wir siegreich!

Fernab des Kriegsgeschehens bereitete ich mich auf das Abitur vor.

Die jüdischen Lehrer und Schülerinnen waren nach der Besetzung der Tschechei aus unserer Schule verschwunden. Uns wurde erzählt, sie würden im Osten angesiedelt. Es berührte uns in dem damaligen Begeisterungstaumel kaum.

Ich machte mir zu dieser Zeit wegen des Krieges viele Gedanken, besonders über das Leben nach dem Tode, weil mehr und mehr Bekannte und Freunde im Kampf fielen. Doch viel klüger wurde ich durch das Grübeln nicht. Ich erkannte für mich, dass man in der Hoffnung leben muss, denn es gibt keine Gewissheit über die Zukunft oder über das, was nach dem Tode kommt.

Voller Vorfreude sah ich meinem ersten Tanzabend entgegen, der uns von der Schule als Krönung des Abiturs in Aussicht gestellt worden war. Ich wünschte mir dafür von meiner Mutter ein langes, weißes Taftkleid mit schwarzen Samtbändern und roter Mohnblume und sah mich im Geiste elegant übers Parkett schweben. Doch es wurde nichts daraus.

Im letzten Moment wurde der Tanzabend wegen der Kriegsereignisse abgesagt, es durfte nicht sein, dass wir uns vergnügten, während die Soldaten an der Front dem Tod ins Auge sahen.

Obwohl ich das verstand, war ich doch sehr traurig darüber. Auch wir 18-Jährige mussten lernen, auf vieles, was früher selbstverständlich war, zu verzichten, zum Wohle des Vaterlandes.

Ein besonderes Ereignis für unsere Klasse war eine Einquartierung: Soldaten der »Leibstandarte

Adolf Hitler« und der »Standarte Wiking«, einer Panzer-Division der Waffen-SS, zum Teil Freiwillige aus den Niederlanden, Belgien und Skandinavien, schlugen im Schulgebäude ihr Nachtquartier auf.

Zum Abschied schrieben sie ein paar nette Worte an die Tafel.

Wir waren sehr stolz darauf, denn es war eine Eliteeinheit besonders schöner, junger Männer, so, wie sich der Führer seine arische Herrenrasse vorstellte. Doch auch sie wurden erbarmungslos in den grausamen Krieg geschickt, um ihr Leben fürs Vaterland hinzugeben.

Das war im Frühjahr 1941, wir zählten aufgeregt die Tage bis zum Abitur – Matura hieß es bei uns – und wünschten uns, dass alles gut gelingen würde.

Es ging auch schmerzlos über die Bühne. In Deutsch hatte ich mit einer seelenvollen Interpretation des Gedichtes »Sehnsucht« von Eichendorff die beste Arbeit. »Es schienen so golden die Sterne«, begann die erste Strophe, »Am Fenster ich einsam stand/ Und hörte aus weiter Ferne/ Ein Posthorn im stillen Land./ Das Herz mir im Leibe entbrennte,/ Da hab ich mir heimlich gedacht:/ Ach, wer da mitreisen könnte/ In der prächtigen Sommernacht«.

Zwei weitere Strophen gab es auch noch. Ich schwärmte so sehr, dass selbst Freiherr von Eichendorff seine Freude gehabt hätte.

Auch die anderen Fächer bestand ich, und am 27. März 1941 wurde mir mein »Zeugnis der Reife« ausgehändigt, unterzeichnet vom Prüfungsleiter Julius Caesar, er hieß wirklich so. Ich hatte es geschafft!

Nun lag die Schulzeit hinter mir, wobei mir bei dem Gedanken nicht wohl war. Es beschlich mich Wehmut darüber, dass ich nun auf dem jetzigen Stand meines Wissens stehen bleiben und nichts mehr dazulernen würde.

Noch war mir nicht bewusst, dass man sein ganzes Leben lang lernt, wenn auch nicht schulisches Wissen, sondern die Lehren des Daseins.

An der abendlichen Abiturfeier durfte ich nicht teilnehmen. Es ärgerte mich sehr, dass meine Eltern das nicht erlaubten. Doch dafür gestatteten sie mir, Franz zu besuchen, mit dem ich in stetigem Briefwechsel war. Er war inzwischen Leutnant geworden und in Metz, im Nordosten Frankreichs, stationiert.

Es war meine erste große Reise, ich wundere mich heute noch, dass meine Eltern sie genehmigten. Immerhin war Krieg und Deutschland litt schwer unter dem Bombardement der alliierten Streitkräfte.

In Ostrau bestieg ich mit klopfendem Herzen erwartungsvoll den Zug.

Auf meiner langen Fahrt waren die Umsteigebahnhofe der feindlichen Fliegerangriffe wegen in Finsternis getaucht. Die Wartesäle waren überfüllt mit erschöpften, oft schlafenden Frontsoldaten. Es war eine unheimliche Atmosphäre. Ich kam mir gänzlich verloren vor und hatte furchtbare Angst. Noch nie war ich so weit von zu Hause weg gewesen und das noch dazu in diesen gefährlichen Kriegszeiten. Doch die Vorfreude, Franz zu sehen, ließ mich alles überstehen.

Franz holte mich am Bahnhof mit einem Blumenstrauß ab. Gut sah er aus in seiner Uniform, ich war selig und überglücklich, ihn wiederzusehen.

Er brachte mich zu einem kleinen Haus an der Mosel, wo er für unser Treffen ein Dachbodenzimmer bei einer älteren Frau gemietet hatte. Sie vermietete oft an Soldaten, die in Metz stationiert waren und Besuch bekamen, und drückte beide Augen zu, wenn ihre jungen Mieter nicht verheiratet waren. Das war damals nicht ganz ungefährlich, denn es gab noch den Kuppeleiparagrafen, nach dem unverheiratete Paare nicht zusammenleben dürfen. Wie sich die Zeit doch inzwischen geändert hat! Heute ist es absolut üblich, dass unverheiratete Paare zusammenziehen.

Franz hatte Urlaub, und wir verlebten einige unbeschwerte Tage, soweit man in jener Zeit von Unbeschwertheit reden konnte. Doch wir waren verliebt, das entschädigte uns für alle widrigen Umstände.

Auf langen Spaziergängen an der Mosel entdeckten wir viele Gemeinsamkeiten und gleiche Interessen. Wir gingen ins Theater und genossen die schöne Stadt, auch wenn über jedem Tag die Trauer vor dem baldigen Abschied und die Angst vor einer ungewissen Zukunft lagen.

Am Ende dieser wunderschönen Tage der ersten Liebe bat Franz mich, seine Frau zu werden. Ich stimmte jubelnd zu.

Nun würde sich tatsächlich jener kurze Moment bestätigen, der mir vor meinem geistigen Auge ein gemeinsames Leben mit Franz gezeigt hatte.

Die Rückfahrt empfand ich als ebenso schrecklich wie die Anreise, ja noch schlimmer, denn mit jedem Kilometer wurde die Entfernung zu meinem Verlobten größer, was mich unendlich traurig machte.

Auf der Hinfahrt war ich aufgeregt gewesen, voll Vorfreude, Franz wiederzusehen, sodass mich die belastenden Umstände der Reise nicht so stark bewegt hatten wie jetzt.

Nun sah ich, wie gefährlich die Zugfahrt war aufgrund der Bombardements auf die Städte, die wir durchfuhren. Ich bemerkte die erschöpften, angstvollen Menschen in den überfüllten Zügen und die vielen Soldaten, die unterwegs waren.

Zu Hause rief die Pflicht.

Jetzt, nach dem Ende der Schulzeit, musste ich eine Arbeitsstelle antreten und bekam sie in einem Korrespondenzbüro einer Grubenverwaltung. Ein Studium, wie ich es gerne absolviert hätte, wäre unter den damaligen Umständen nicht möglich gewesen. Vorsorglich hatte ich im Kloster unseres Ortes einen Schreibmaschinenkurs absolviert. Eine der Nonnen versuchte, mich zu überreden, ins Kloster einzutreten. »Du bist so ein liebes, anständiges Mädchen, Sonja. Du könntest eine Braut Christi werden. Möchtest du dich, gerade in dieser Zeit, nicht dafür entscheiden?« Doch daraus wurde natürlich nichts. Sie wusste ja nichts von meiner Verlobung mit Franz.

An meiner Arbeitsstelle im Büro gefiel es mir gut, denn die Kollegen, meist tschechische Bergbauingenieure und Angestellte, waren nett zu mir, obwohl ich Deutsche war.

Einmal wurde mir erlaubt, in einem Grubenanzug mit einer Grubenlaterne auf dem Kopf ins Bergwerk einzufahren.

Nun konnte ich mir ein realistisches Bild machen, wie mühsam und hart die Bergarbeiter, auf dem Rücken oder dem Bauch liegend, in den niedrigen Stollen ihren Lohn verdienen mussten.

Freilich gab es auch andere Dinge, die mir bisher noch nicht begegnet waren, und die an meinen noch idealistischen und romantischen Vorstellungen vom Leben rüttelten.

Da waren die älteren, vor allem deutschen Angestellten, die mit Vorliebe in meiner Anwesenheit schmutzige Witze und grauenhafte Schweinereien erzählten, wobei sie sich sichtlich über meine Verlegenheit und über mein vor Scham rot angelaufenes Gesicht amüsierten.

Zu ihnen gehörte auch eine etwa vierzigjährige Telefonistin, geschieden und »lebenserfahren«, die sich ungeniert mit verheirateten Männern vergnügte und mir immer wieder Ratschläge für den Umgang mit dem anderen Geschlecht geben wollte.

Das widerte mich an, es war etwas ganz anderes als das, was ich mit Franz kennengelernt hatte. Er hatte sich mir gegenüber bei meinem Besuch in Metz liebevoll verhalten und stets Anstand gezeigt.

Doch trotz dieser unangenehmen Erfahrungen schmolz mein Glaube an das Gute nicht dahin. Mit

Franz an meiner Seite würde ich mit solchen Dingen und nichts zu tun haben, da war ich mir ganz sicher.

Im Frühjahr 1942 feierten Franz und ich unsere Verlobung. Ringe gab es nicht zu kaufen, aber Franz hatte eine Tante, die ihm eine goldene Uhr geschenkt hatte. Im Tausch erhielt er dafür die Ringe.

Diese Lieblingstante von Franz war eine sehr fromme und bescheidene Frau. Jahr für Jahr hatte sie gespart in der Hoffnung, dass Franz Priester werden würde. Sie wollte ihm das Studium und das Priesterseminar bezahlen und sich damit den Himmel verdienen. In der Inflation nach dem ersten Weltkrieg hatte sie ihr gesamtes Geld verloren und musste somit diesen Traum aufgeben.

Franz war darüber sehr erleichtert, denn Priester wollte er nicht werden. Doch wie hätte er es der Tante beibringen und ihr eine derartige Enttäuschung zufügen können?

Am Morgen unseres Verlobungstages gingen wir gemeinsam in die Kirche. Franz ergriff vor dem Altar meine Hand und steckte mir den Ring an. Nun waren wir offiziell verlobt.

Ich war überrascht darüber, aber auch froh, dass wir so dem üblichen Ritual mit Ring und Kuss im Familienkreis entgangen waren.

Stolz zeigte ich als glückliche angehende Braut überall meinen Verlobungsring her.

Es dauerte nicht lange, und Franz wurde von seinem Standort in Metz nach Russland abkommandiert.

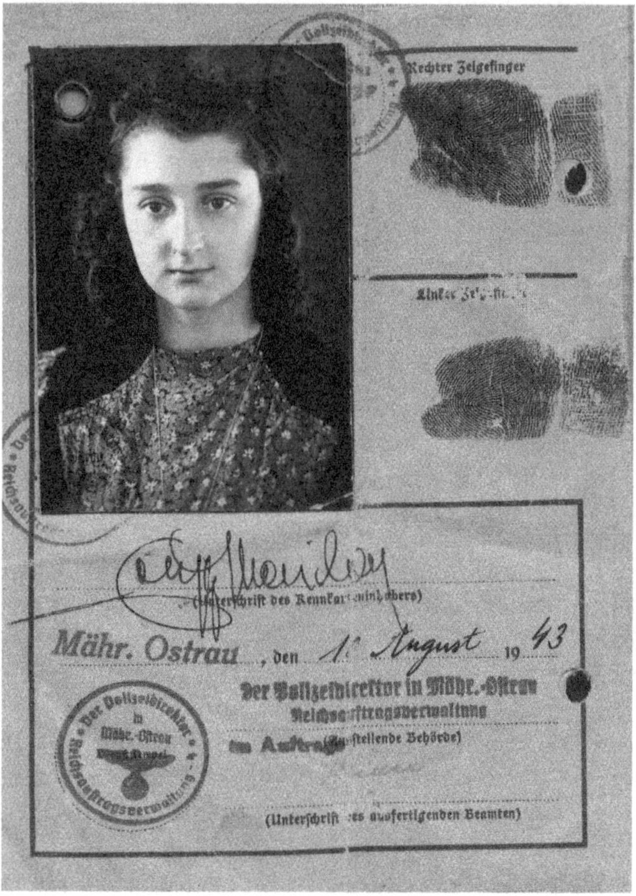

Endlich volljährig

Ich war verzweifelt, die russische Front war als gefährlichstes Kampfgebiet bekannt.

Es begann eine Zeit der großen Sorgen und Ängste, wenn die Feldpostbriefe ausblieben. Doch dieses Leid teilte ich mit abertausenden von Frauen, die auf Nachricht von ihren Männern, Verlobten oder Söhnen warteten.

Selbst wenn endlich ein Feldpostbrief kam, war er Tage oder gar Wochen alt und keine Garantie dafür, dass der Absender noch am Leben war.

Franz war am Ilmensee im Einsatz. Dort, am Nordabschnitt der Ostfront, kämpfte die deutsche 16. Armee gegen die sowjetische 11. Armee um den Besitz der strategisch wichtigen Stadt Staraja Russa, wie mir Franz später erzählte.

In dieser Schlacht durchlebten und durchlitten unsere Soldaten härteste Kämpfe im erbarmungslosen russischen Winter. Mein Verlobter war mitten unter ihnen. Ich schrieb ihm jeden Tag. Da ein Päckchen mit hundert Gramm Inhalt erlaubt war, legte ich immer liebevoll vier selbst gebackene Plätzchen in eine leere Bleistiftschachtel und sandte sie ihm an die Front.

Es kamen lange, bange Wochen, in denen ich nichts von Franz hörte und Schlimmstes befürchtete. Endlich erhielten seine Eltern die Mitteilung, dass Franz bei den Kämpfen am Ilmensee durch einen Granatsplitter in der Lendengegend schwer verletzt worden sei. Ich erfuhr voll Entsetzen, dass er mit dem Lazarettzug in Bialystok, einer kleinen Stadt an der polnisch-russischen Grenze, eingetroffen und in das dortige Krankenlager gebracht worden war. Auf Grund seines starken Blutverlustes bestand Lebensgefahr. So berichteten es mir seine Eltern, die sich auf den Weg machen würden, ihn zu besuchen.

Ich wollte unbedingt auch zu Franz reisen, immerhin war ich seine Verlobte! Doch die Reisegenehmigung wurde mir nicht ausgestellt.

»Wo kämen wir da hin, wenn alle Bräute die Verwundeten besuchen wollten?«, wurde mir spöttisch gesagt, als ich mich bei der zuständigen Behörde um eine solche Genehmigung bemühte.

Ich war verzweifelt. Felsenfest davon überzeugt, dass Franz meine Anwesenheit helfen würde, gesund zu werden, wollte ich unbedingt zu ihm reisen, und ich führte mir immer wieder den magischen Moment vor Augen, in dem ich uns als Paar gesehen hatte.

Meine Mutter erkannte, in welch deprimiertem Zustand ich mich befand, weshalb sie beschloss, resolut und tatkräftig wie sie war, dass wir zusammen nach Bialystok fahren sollten.

So ging es in finstrer Nacht mit dem Zug einem unbekannten Ziel entgegen, und das ohne die erforderlichen Papiere. Dies war nicht ungefährlich, doch wir bauten auf unser Glück.

Die Hinreise verlief zunächst ohne Zwischenfälle, doch in Warschau wurde es riskant, da wir beim Umsteigen nach Bialystok versehentlich in einen Waggon gerieten, der ausnahmslos von Polen besetzt war. Abgerissene, finstere Gestalten sahen uns böse und hasserfüllt an.

Natürlich waren die Polen nicht gut auf uns Deutsche zu sprechen, hatten wir doch ihr Land überfallen, besetzt und großes Unheil unter der polnischen Bevölkerung angerichtet.

Es lief uns kalt den Rücken hinunter, als wir die bösen, feindseligen Blicke sahen. Sollte unsere Fahrt so weitergehen oder gar hier enden? Endlich murmelte uns jemand zu, der Waggon für Deutsche sei ganz vorne. Eilig stiegen wir aus und machten uns davon, froh, nicht ein Messer zwischen die Rippen bekommen zu haben.

Am Bahnhof von Bialystok erwarteten uns die Eltern von Franz, schwarz gekleidet. Ich bekam einen Riesenschreck. War Franz gestorben?

Doch sie erklärten mir, sie hätten nach der schrecklichen Nachricht vermutet, sie würden zu Franz' Beerdigung kommen, und deshalb hätten sie vorsorglich Trauerkleidung angelegt.

Ich fand das entsetzlich und hoffte nur, dass der arme Franz nicht ebenso erschrecken würde, wenn ihn seine Eltern in schwarzer Kleidung besuchten.

Als ich ihn aber dann im Lazarett antraf und er mir matt lächelnd entgegensah, wenn auch etwas blass und fast unbeweglich daliegend, war ich überglücklich. Im Lazarett wurde er gut gepflegt, sodass er sich langsam erholte. Sicherlich hat ihm auch die Freude über meinen Besuch geholfen und ihm neuen Lebensmut gegeben.

Zu seiner ersten festen Mahlzeit, die er essen durfte, wünschte er sich Spargel – und es gelang mir tatsächlich, welchen zu besorgen.

Nach einigen Tagen, als wir wieder nach Hause fuhren, befand er sich, gottlob, auf dem Wege der Besserung. Das gab mir Mut. Aber ich konnte mich nur schwer von ihm trennen.

Die Heimreise verlief nicht so problemlos wie die Hinfahrt. Da wir keine Papiere hatten, vermuteten die Grenzbeamten, ich sei eine Spionin, und wollten mich festnehmen. Ich war empört, weil man mir nicht glauben wollte, als ich leidenschaftlich versicherte, ich sei keine Lügnerin und hätte nur keine Papiere, da man mir nicht erlaubt hätte, meinen verletzten Verlobten im Lazarett zu besuchen. Vielleicht rührte das an ihr Herz. Nach vielem Hin und Her vertrauten sie schließlich meinen Beteuerungen und wir konnten weiterfahren. Auf Spionagetätigkeit stand die Todesstrafe und ich weiß heute, welch großes Glück ich damals hatte.

Auf dieser Heimreise kam uns ein Güterzug entgegen, der nach Osten fuhr und voll gepfercht mit Juden war. Wie Vieh wurden sie transportiert.

Ein Eisenbahner im Abteil erzählte grauenhafte Dinge von Ermordungen, Genickschüssen und Massengräbern, in denen die toten Juden, Männer, Frauen und Kinder, verscharrt würden.

Mein zukünftiger Schwiegervater empörte sich heftig über derartige »Lügen und Gräuelpropaganda«. Wir konnten nicht ahnen, wie recht der Mann hatte. Erst später, nach dem Krieg, wurden der Holocaust an den Juden und all die anderen Verbrechen an Menschen, die den Nazis nicht passten, bekannt gemacht.

Franz verlegte man alsbald ins Heimatlazarett nach Beuthen in Oberschlesien. Seine Genesung war langwierig. Monatelang ging er am Stock, und erst eine mehrwöchige Kur in Bad Liebenstein brachte ihm Heilung.

Inzwischen glaubte auch mein Vater, der, wie gesagt, ein glühender Nationalsozialist war, mit seinen 52 Jahren zum Endsieg beitragen zu müssen.

Meine Mutter und ich beschworen ihn, dieses Vorhaben aufzugeben, sich nicht dieser Gefahr auszusetzen. Er könne doch auch an der Heimatfront Gutes tun.

Doch alles Bitten und Betteln half nichts. Vielleicht lag der Grund dafür auch darin, dass sich mein Bruder Erich zum Kriegsdienst gemeldet hatte und er ihm nicht nachstehen wollte.

Jedenfalls meldete sich mein Vater zu einer Transporteinheit und erkrankte alsbald an der Ruhr.

Nun versuchte er alles, um wieder nach Hause zu kommen, aber ohne Erfolg. Schließlich wurde seine Einheit nach Russland verfrachtet und 1943 im Kaukasus eingeschlossen.

Meine Mutter war außer sich, als sie hörte, die Männer seiner Einheit seien in einen tiefen Schacht hinuntergestoßen worden, um elendiglich zu krepieren. Doch vorerst war das nur eine unbestätigte Meldung, die wir für ein Gerücht hielten. Wir hofften, bald ein Lebenszeichen von meinem Vater zu erhalten.

Ich erinnere mich mit Entsetzen an den Tag, als meine Mutter kreidebleich aus dem Kohlenkeller kam und auf einen Stuhl niedersank. Mit zitternder Stimme sagte sie, der Papa sei ihr erschienen, sie wisse nun sicher, dass er tot sei.

Bald darauf kam die Vermisstenmeldung. Meinen Vater sahen wir nie wieder.

Ende 1942 hörten die Siegesnachrichten auf und mit der verlorenen Schlacht um Stalingrad trat die Wende im Kriegsgeschehen ein.

Nun befand sich die Wehrmacht an allen Fronten auf dem Rückzug. Aber trotzdem glaubte man noch an den Sieg, vertraute blind bis zum bitteren Ende dem Führer und seinen versprochenen Wunderwaffen.

»Heilig Vaterland in Gefahren, deine Söhne sich um dich scharen ...«, war einer der vielen Verse, die gebetsmühlenartig heruntergeleiert wurden. Wie verblendet wir waren!

Wir heiraten!

Unsere Hochzeit planten wir für den Sommer 1943, ich wäre dann gerade zwanzig, Franz 25 Jahre alt.

Vorher sollte unsere eigene Wohnung bis auf den letzten Nagel eingerichtet sein, darauf legte ich großen Wert. Ich wollte uns ein gemütliches Heim schaffen.

Aufgrund seiner Kriegsverletzung hatte Franz keine sonderlichen Schwierigkeiten, eine Vierzimmerwohnung mit Küche in Ostrau zu bekommen. Sie lag im zweiten Stock eines Mietshauses.

Zwei der vier Zimmer sollte vorerst meine Mutter beziehen, die nun nach dem Tod meines Vaters allein lebte, wir die anderen beiden Räume. Nach dem Krieg wollten wir die gesamte Wohnung für uns in Beschlag nehmen und für Mutter eine andere Wohnung finden. Wir wünschten uns Kinder, mindestens zwei bis drei!

Es gab damals noch schöne Möbel, Einrichtungs- und Kunstgegenstände zu kaufen, so bekamen wir die Möglichkeit, unser Schlaf- und Wohnzimmer ganz nach unserem Geschmack einzurichten. Als wir heirateten, fehlte tatsächlich kein einziger Nagel. Ich war unglaublich stolz.

Meine Mutter fuhr über Land, um Essbares für das Hochzeitsmahl zu organisieren, denn Lebensmittel waren knapp, wenn man auf die Lebensmittelmarken angewiesen war.

Sie hatte bei einem Bauern ein Suppenhuhn ergattert. Das hielten wir in einem Käfig auf der winzigen Altane, einem von Säulen gestützten Vorbau unserer Wohnung. Offenbar hüteten wir es nicht genug, denn es gelang dem Huhn, sich aus dem Käfig zu befreien. Gackernd und flügelschlagend entkam es über die Dächer. Wir konnten nur erschrocken zuschauen, wie unser Hochzeitsbraten davonflog.

Sogleich machten wir uns auf die Suche, um die Henne in einem der Hinterhöfe zu finden, doch da Sonntag war, waren alle Tore geschlossen.

Endlich hörten wir das Huhn in einem der Gebäude gackern und klopften energisch an das Tor. Das Gegacker verstummte plötzlich, und ein Mann öffnete misstrauisch die Tür im Tor. Auf die Aufforderung hin, unser Huhn herauszugeben, stellte er sich erst einmal dumm. Heute, nach vielen Notzeiten, verstehe ich ihn. Schließlich fliegt einem nicht jeden Tag eine Henne in den Topf.

Als der Mann jedoch Franz' Uniform bemerkte – er war inzwischen Oberleutnant – und wir ihm erzählten, dass dieses Huhn unser Hochzeitsbraten sei, erbarmte er sich doch und rückte das Federvieh heraus. Franz klemmte sich die Henne unter den Arm und wir zogen davon, froh, das kostbare Stück wiederzuhaben.

Unsere Hochzeit wurde groß gefeiert. Wir hatten das Haus voller Gäste, von denen mit Franz' Eltern sieben bei uns übernachteten. Wie wir sie alle einigermaßen bequem unterbrachten, daran erinnere ich mich heute nicht mehr. Irgendwie war es gelungen.

Die standesamtliche Trauung fand am Samstag statt, die kirchliche am Pfingstsonntag beim Hochamt, das hatte der Pfarrer vorgeschlagen.

Für die Gäste war das ungewohnt, da bei uns die meisten Trauungen am Spätnachmittag um 17 Uhr durchgeführt wurden. Die geistlichen Herren aber begrüßten es, in der Hoffnung, dass unser Beispiel Schule machen würde und sie nicht extra zu einer Trauung am Nachmittag erscheinen müssten. Zudem sei eine Trauung im Rahmen eines Hochamtes viel feierlicher, argumentierte der Pfarrer.

Meine Mutter nähte ein wunderschönes weißes Brautkleid für mich, hochgeschlossen, mit langen Ärmeln. Doch das Schönste war mein Kopfschmuck. Mein Frisör hatte der damaligen Mode entsprechend meine dunklen Haare onduliert und befestigte darauf ein üppiges weißes Tüllgesteck mit eingearbeiteten weißen Blumen, daran war ein langer Schleier befestigt. Ich war eine schöne Braut – und so jung! Das berührt mich, wenn ich mir heute die alten Bilder anschaue. Die Zukunft erschien mir in den leuchtendsten Farben.

Als Franz, der in seiner Paradeuniform mit dem langen Degen an der Seite schneidig aussah, am Morgen kam, um mich abzuholen, und mir einen traumhaften Brautstrauß aus weißen Rosen überreichte, war mein Glück perfekt.

Bei strömendem Regen fuhren wir in mehreren Kutschen zur Kirche, wobei jeder versicherte, Regen würde Glück und viele Kinder bringen. Ein schwacher Trost für eine vom Wetter enttäuschte Braut!

Mein Onkel führte mich in Vertretung meines Vaters zum Altar. Er war noch aufgeregter als ich. Wohl deshalb legte er einen strammen Marsch durch die Kirche vor, sodass ich Mühe hatte, ihn zurückzuhalten und zu einem feierlichen Einzug zu bewegen.

Um die obligatorischen Hochzeitsbilder anfertigen zu lassen, fuhren wir anschließend in ein Fotoatelier. Vorher musste ich mich auf einen Tisch legen, wo ich mein vom Regen und Sitzen zerknittertes Kleid aufbügeln ließ.

Wenn ich heute an all das zurückdenke, wundere ich mich, dass wir in dieser unheilvollen Zeit den Mut zum Heiraten aufbrachten. Vermutlich ist man in der Jugend unbekümmerter, viele andere junge Paare heirateten damals nämlich ebenfalls. Wir waren verliebt und wollten endlich zusammenleben, selbst wenn wir wussten, dass Franz wieder an die Front musste.

Doch so erging es den meisten Paaren, fast immer stand die Trennung durch den Krieg bevor. Manche heirateten sogar während eines Fronturlaubs. Sie dachten nicht daran, dass sie sich niemals wiedersehen würden, wenn der junge Ehemann an der Front fiel.

Das Hochzeitsmahl, das in unserer Wohnung stattfand, wurde extra von einer Köchin gekocht. Die Lebensmittel dazu mussten mühsam zusammengetragen werden. Wein aus Frankreich gab es genug, die Deutschen hatten Frankreich besetzt, und so wurde allerlei »Kriegsbeute« nach Deutschland gebracht, eben auch Wein und Champagner. Franz

Franz und ich als glückliches Paar

hatte einige Flaschen aus Frankreich mitgebracht, wo er stationiert war.

Ein Soldat, der froh war, sich bei einer Hochzeit endlich einmal satt essen zu können, spielte zur Unterhaltung und zum Tanz auf dem Klavier.

Für kurze Stunden gelang es, uns mit den Gästen an unserem Ehrentag zu erfreuen und unsere bittere Situation zu vergessen, denn bereits nach zehn Tagen Hochzeitsurlaub waren unsere Flitterwochen vorbei.

Wir verabschiedeten uns unter Tränen, wir wussten ja nicht, wann und ob wir uns wiedersehen würden. Jeden Tag erschienen lange Listen von Soldaten, die an der Front ihr Leben gelassen hatten. Doch daran wollten wir nicht denken.

Franz musste nach Frankreich zurück, ich fuhr wieder tagaus, tagein ins Büro. Abermals konnten wir nur durch Briefe in Verbindung bleiben.

Jeden Abend, wenn ich aus dem Büro kam, ging ich durch unsere schöne Wohnung wie durch ein Heiligtum. Ich stellte mir in den wunderbarsten Farben vor, wie es sein würde, wenn Franz zurück und der unselige Krieg vorbei wäre und wir endlich unser gemeinsames Leben beginnen könnten.

»Wenn der Iwan kommt, wird er sich mit seinen dreckigen Stiefeln in dein schönes Bett legen, Sonja«, weissagte mir ein Bekannter. Ich erschrak heftig und wollte nicht glauben, dass die Rote Armee uns überrennen könnte. Niemand wollte das wahrhaben, die Parolen vom Endsieg wurden weiter verbreitet und wir glaubten daran.

Einige Wochen später blieb meine Periode aus. Es war kaum zu glauben, dass ich bereits nach der kurzen Zeit unserer Ehe schwanger sein sollte und das machte mich überglücklich. Sofort schrieb ich einen Brief an Franz, teilte ihm mit, dass unser sehnlichster Wunsch in Erfüllung gegangen und unser Sohn unterwegs sei.

Ich war zutiefst überzeugt, dass es ein Junge sein würde, auch wenn es damals keine Möglichkeit gab, das Geschlecht des Kindes vorherzusagen. Wir waren uns beide ganz sicher und hatten bereits einen Namen für das Kind ausgesucht: Es sollte Peter heißen. Auch der Name und das Geschlecht unseres zweiten Kindes stand für uns fest: Es würde ein Mädchen sein. Wir wollten es Eva nennen.

Meine Briefe an Franz waren ab jetzt mit Bildern und Zeichnungen von Störchen und Babys verziert. Franz freute sich auf seinen Stammhalter, ich mich darüber, dass ich im Falle seines Soldatentodes wenigstens einen Sohn von ihm hätte. So war unsere damalige Denkweise!

Wir glaubten aber immer noch fest daran, dass der Krieg bald siegreich zu Ende gehen und wir einer glücklichen Zukunft entgegensehen würden.

Im Nachhinein kann ich sagen, dass der Wunsch nach einem Kind in diesen unsicheren Zeiten seinen Sinn hatte, denn Peter wäre sonst nie geboren worden. Denn in den ersten bitterarmen Nachkriegsjahren, nach dem Verlust von Heimat, Hab und Gut, hätten wir nicht gewagt, ein Kind in die Welt zu setzen.

Doch trotz der extrem schwierigen Situation nach dem Krieg wurden viele Kinder geboren. In Zeiten der Not hofft der Mensch auf Besserung und glaubt an die Zukunft.

»Die Hoffnung stirbt zuletzt«, lautet ein wahres Sprichwort.

Mit dem Tag meiner Hochzeit hatte ich als tüchtige junge Hausfrau begonnen, ein Wirtschaftsbuch zu führen, eine Gewohnheit, die ich bis heute nicht aufgegeben habe. Ich konnte es durch die Wirren des Krieges und der Flucht retten. Es ist ein aufschlussreiches Zeitdokument für mich. So manches Mal blättere ich darin, und dann tauchen Erinnerungen an jene Zeit in mir auf.

Frühling, Sommer, Herbst und Winter gingen ins Land. Briefe kamen, Briefe gingen. Aber kein Wiedersehen stand am Horizont.

»J'attendrais, le jour et la nuit, j'attendrais toujours« – »Komm zurück, ich warte auf dich, denn du

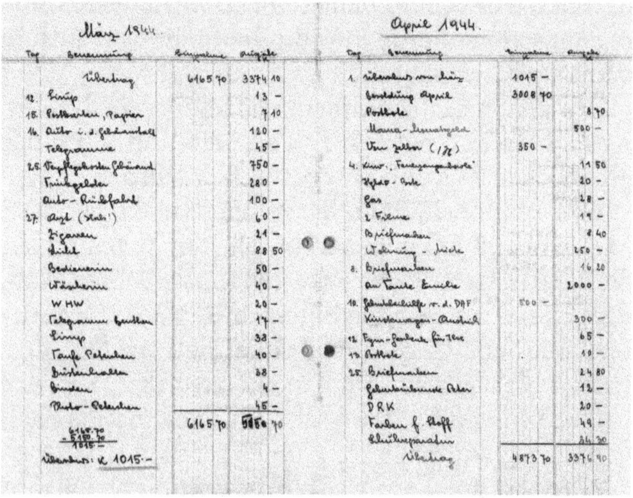

März 1944.

Tag	Benennung	Einnahme	Ausgabe
	Übertrag	6165 70	3374 10
12.	Einkauf		13 –
15.	Postkarten, Papier		7 10
16.	Auto i. d. Gebäranstalt		120 –
	Telegramme		45 –
25.	Verpflegskosten Gebäranstalt		750 –
	Trinkgelder		280 –
	Auto-Rückfahrt		100 –
27.	Arzt ([illegible])		60 –
	Zigaretten		21 –
	Licht		88 50
	Bedienerin		50 –
	Wäscherin		40 –
	WHW		20 –
	Telegramme [illegible]		17 –
	Einkauf		38 –
	Taufe Peterchen		40 –
	[illegible]		38 –
	Binden		4 –
	Photo-Peterchen		45 –
		6165 70	5150 70

6165.70 – 5150.70 = 1015.–

Überschuss: K 1015.–

April 1944.

Tag	Benennung	Einnahme	Ausgabe
1.	Überschuss vom März	1015 –	
	Besoldung April	3008 70	
	Postbote		8 70
	Mama-Monatsgeld		500 –
	[illegible] (1/2)	350 –	
4.	Kino „Feuerzangenbowle"		11 50
	[illegible]		20 –
	Gas		28 –
	2 Filme		19 –
	Briefmarken		8 40
	Wohnung-Miete		250 –
8.	Briefmarken		16 20
	an Tante Emilie		2000 –
10.	Geburtsbeihilfe v. d. DAF	500 –	
	Kinderwagen-Anteil		300 –
12.	[illegible]-Geschenk für Ilse		65 –
13.	Postbote		10 –
25.	Briefmarken		24 80
	Geburtsurkunde Peter		12 –
	DRK		20 –
	Farben f. Stoff		49 –
	Schuhreparatur		34 30
	Übertrag	4873 70	3376 90

Eine Seite aus dem originalen Wirtschaftsbuch

bist für mich all mein Glück«, war ein viel gesungenes, gefühlvoll vorgetragenes Lied des berühmten Sängers Rudi Schuricke.

Oft hing ich am Radio und lauschte diesem Lied, das mir und abertausenden Ehefrauen, Müttern und Bräuten aus dem Herzen sprach.

Wiedersehen mit Franz

Es kam das Jahr 1944. Bereits der Januar brachte ein unerwartetes Wiedersehen mit Franz.

»Bei Gott und der Wehrmacht ist nichts unmöglich«, hieß es im Soldatenjargon, und so war es auch. Franz musste von Frankreich aus zu einem kurzen Lehrgang nach Berlin-Döberitz, wo sich ein Truppenübungsplatz befand. Er bat mich, ihn dort zu besuchen.

besuchen. Meine Mutter war alles andere als begeistert. Ich befand mich am Anfang des achten Schwangerschaftsmonats und Berlin wurde ständig von Fliegerangriffen heimgesucht. Doch für mich gab es kein Zögern und Zaudern.

Am nächsten Tag nach der Ankunft von Franz' Brief fuhr ich aufs Land, um Lebensmittel, Eier und Butter zu organisieren. Unglücklicherweise fiel ich auf der schneeglatten Straße der Länge nach hin. Ich setzte mich am Straßenrand in den Schnee und befühlte ängstlich meinen Bauch, doch es schien nichts Schlimmes passiert zu sein. Der kleine Peter war nicht zu Schaden gekommen, nicht einmal die Eier im Koffer waren zerbrochen.

Abends saß ich bereits mit meinem voll bepackten Lebensmittelkoffer im Mutter-Kind-Abteil des Zuges nach Berlin. Eine lange Strecke lag vor mir.

Franz wollte mich an der Endstation des Zuges in Berlin abholen, doch es stellte sich heraus, dass der

Zug nicht bis dorthin fuhr, sondern die Fahrt eine Haltestelle vorher endete.

Ich war verzweifelt und hatte Angst, dass Franz mich nicht finden würde. Meine Mutter hatte mich gewarnt, den schweren Koffer zu tragen. Aber alle Bedenken halfen nichts, ich musste aussteigen und stand hilflos und verloren auf dem Bahnsteig inmitten einer wogenden, hin- und hereilenden Menschenmenge. Ich war völlig ratlos und den Tränen nahe.

Da tauchte zu meiner Überraschung Franz aus der Menschenmenge auf. Überglücklich fiel ich ihm in die Arme. Er hatte von der Fahrplanänderung erfahren und war zur richtigen Bahnstation gekommen. Dass wir uns in dem Trubel fanden, grenzte an ein kleines Wunder.

Ich glaube, er war geschockt, als er mich mit meinem Schwangerschaftsbauch sah, aber er sagte nichts. Erst später erfuhr ich, wie erschrocken er war: Er hatte sich mich nicht so kugelrund vorgestellt und machte sich Vorwürfe, dass er mich in meinem Zustand zu der langen Fahrt überredet hatte.

Unser Zimmer bei einer alten Frau in Berlin war eine jämmerliche Dachbodenmansarde, zu der man auf einer Leiter hinaufklettern musste. Das war für mich in meinem Zustand nicht einfach.

Nach Dienstschluss brachte Franz einige Briketts in der Aktentasche mit, um den Eisenofen in dem Kämmerchen anzuheizen zu können.

Eine gelinde Katastrophe war das Bett. Die Matratze war völlig durchgelegen, man fiel wie in ein Loch hinein. Ich erinnere mich, dass ich in meinem Zustand Schwierigkeiten hatte, mich aus dieser

»Falle« hochzuhieven. Beim Anziehen stieß man mit den Armen gegen die Decke, so niedrig war der Raum. Doch man musste froh sein, überhaupt ein Dach über dem Kopf zu haben. Aber endlich waren wir wieder zusammen! Wir freuten uns über die geschenkten Tage und versuchten, uns die Zeit so schön wie möglich zu machen, all der Unbequemlichkeiten zum Trotz.

Trotz. Eines Abends gingen wir ins Frontkino in Berlin-Kreuzberg, das heute noch als Freiluftkino existiert. Plötzlich, inmitten der Vorstellung, heulten die Sirenen. Fliegeralarm! Wir rannten los, so schnell ich mit meinem dicken Bauch nur konnte, um in einem der überall ausgehobenen Splittergräben Schutz zu finden.

Die Flak ballerte und Bomben regneten vom Himmel herab auf Berlin. Schrecklich eng war es in diesem Unterstand mit den vielen anderen Menschen, die ebenfalls Zuflucht gesucht hatten. Der Geruch von Leder und Schweiß hing in der Luft. Anfangs scherzten noch manche, doch dann wurde es still, gespenstisch still. Von draußen waren das Dröhnen der Flak, das Bersten der explodierenden Bomben, das Zusammenkrachen der Häuser, Hilferufe und Schreie zu hören.

Ich hockte neben Franz, der mir den Arm um die Schulter gelegt hatte und mich beschützend an sich zog. Voller Angst saß ich zusammengekauert da und hoffte, dass der schreckliche Angriff bald zu Ende sein würde.

Wenn man es wagte, kurz den Kopf nach oben über den Rand des Grabens zu recken, sah man das flammende Inferno über der Stadt. Wie viele Menschen wohl gerade ihr Leben lassen mussten, dachte ich bedrückt und umfasste beschützend meinen Bauch mit dem kleinen Peter darin. Gottlob war es keiner dieser Großangriffe, wie sie oft auf Berlin niederprasselten, und die die Stadt fast völlig zu Schutt und Asche machten.

Ich weiß heute nicht mehr, wie lange wir in dem Splittergraben ausharren mussten. Die Zeit kam mir endlos vor. Wie waren wir froh, als wir die steile Leiter zu unserem »Luxusappartement« hinaufklettern konnten! Wir hatten es überstanden.

Der kleine Peter turnte in meinem Bauch herum, als ich endlich im Bett in der tiefen Kuhle der Matratze lag und mich an Franz schmiegte.

Zu unserer Freude hatte Franz überraschend Wochenendurlaub bekommen, so konnte er mich nach Hause begleiten. Ich war heilfroh darüber, denn die Hinreise war beschwerlich gewesen und mir graute vor der Rückfahrt mit den vielen Menschen.

Der Zug wartete am Hauptbahnhof. Dicht an dicht kämpfte die Menschenmasse um einen Platz. Jedermann wollte vor Einbruch der Dunkelheit raus aus Berlin und hatte Angst vor dem nächsten Fliegerangriff.

Wir befanden uns inmitten der drängenden und schiebenden Menschentraube. Ich hatte meine Füße fast nicht mehr auf dem Boden, sondern wurde von der drängelnden Menschenmenge gleichsam in den Zug hineingezogen. Gottlob erreichten wir ein Abteil und hatten uns in dem Gedränge nicht verloren.

Wir standen alle dicht gedrängt wie die Heringe, sogar das Klo war voller Menschen. Da durfte man sich nicht genieren, wenn man mal musste und andere zusehen konnten. Selbst starke Männer rangen nach Sauerstoff und sackten in sich zusammen, denn ein Umfallen war in der Menge nicht möglich.

Es war eine strapaziöse Reise, aber ich stand sie trotz meiner fortgeschrittenen Schwangerschaft tapfer durch. Einige Stunden vor Mährisch-Ostrau ergatterte ich sogar einen Sitzplatz auf dem Klosettdeckel. Immer wieder musste ich aber aufstehen, weil jemand das Klo benutzen wollte. Wenigstens machte mir in meinem Zustand niemand diesen besonderen Platz streitig.

In den frühen Morgenstunden kamen wir völlig erschöpft in unserer schönen Wohnung an.

Es war dies der letzte Besuch von Franz in unserem Heim. Als wir nach diesem Wochenende tränenreich Abschied nahmen, hatte Franz fest vor, in wenigen Wochen zu Peters Geburt wiederzukommen. Wir ahnten nicht, dass dieser Abschied ein Abschied für lange Zeit sein würde.

Unser Wunschkind Peter ist da!

Für den 18. März 1944 war der Geburtstermin unseres Kindes berechnet. Meine Mutter hatte für diesen Tag als Dank für eine glückliche Geburt eine Messe beim Pfarrer bestellt. Sie war enttäuscht, dass ausgerechnet an diesem Tag kein Termin mehr frei war und die Messe auf den 16. März vorverlegt werden musste. Doch genau an diesem Tag, dem 16. März um 7 Uhr, pünktlich zur Frühmesse, war Peter da. Wir waren überglücklich und meine Mutter umarmte alle Leute vor Freude darüber, dass alles gut verlaufen und sie Großmutter geworden war.

Ich lag mit meinem winzigen Sohn, der sieben Pfund schwer und 51 Zentimeter lang war, im Krankenhaus und bewunderte entzückt seine zarten Fingerchen sowie seine wunderschön ziselierten Öhrchen. Beim Anblick des winzigen Gesichtchens konnte ich mein Glück kaum fassen. Stolz, es geschafft zu haben, wartete ich auf Franz.

Ein Telegramm mit der freudigen Nachricht war an ihn unterwegs. Franz war zu dieser Zeit Bataillonsadjutant in der Bretagne. Auch bei ihm herrschte eitel Freude über seinen Stammhalter, und er spendierte ein Fässchen Bier für seine Kameraden. Seinen Urlaubsschein hatte er bereits in der Tasche. Was sollte da noch schief gehen?

Doch es ging schief, und der Urlaubsschein in der Tasche nutzte gar nichts. Es wurde strikte Urlaubssperre verordnet, weil die Invasion der Alliierten in der Normandie bevorstand. Franz schickte mir einen traurigen Brief, in dem er versicherte, so bald wie möglich zu mir und unserem Kind zu kommen.

»Liebste Sonja«, schrieb er. *»Ich bin tieftraurig, dass ich nicht kommen kann, um unseren kleinen Sohn auf der Welt begrüßen zu dürfen und dich in die Arme zu schließen. Wir haben Ausgangssperre, alles ist in großer Aufregung«*. Dann waren einige Stellen von der Zensur geschwärzt, denn die Soldaten durften in ihren Briefen nichts von der Front berichten, oft nicht einmal, wo sie stationiert waren. Doch längst schwirrten Gerüchte umher, dass die Amerikaner als Alliierte in den Krieg eingreifen und helfen würden, die deutsche Wehrmacht zu besiegen. *»Ich hoffe, dass alles gut geht und ich dich und den kleinen Peter bald herzlich umarmen kann. Dein Franzl«*, endete der Brief.

Aus war unser Traum vom kleinen, kurzen Glück. Franz war zutiefst unglücklich und auch ich weinte in meinem Wöchnerinnenbett vor Enttäuschung. Da lagen wir nun, ich und das kleine Bündel Mensch im Arm. Kein strahlender Ehemann und kein stolzer Vater kam an unser Bett.

Das können sich die jungen Frauen von heute, mit riesigen Blumensträußen verwöhnt, nicht vorstellen. Von uns wurden diese Opfer verlangt, für den Führer und für Deutschland.

»Davon geht die Welt nicht unter«, sang Zarah Leander mit ihrer dunklen, rauchigen Stimme im

Radio, doch damit sollte sie nicht recht behalten. Bald würde unsere bisherige Welt untergehen.

Ich gab meine Berufstätigkeit auf, um nur für meine Aufgabe als Mutter da zu sein. Meine Mutter, die frischgebackene junge Oma, die damals erst 43 Jahre alt war, unterstützte mich dabei mit viel Eifer und Liebe.

Der kleine Peter war ein Prachtbaby, ich brillierte mit ihm jedes Mal bei der Mütterberatung. Selbst unser Kinderarzt rief seine Frau dazu, damit sie den hübschen Säugling ansehen konnte. Peter war stets fröhlich und strahlte jeden an, der in seine Nähe kam oder in seinen Kinderwagen sah. Später wurde aus dem fröhlichen Baby ein ruhiger und ernster Mann. Auch bei ihm würde das Schicksal seinen Tribut fordern.

Mit vier Monaten wurde Peter zum Fotografen gebracht. Es war, als wäre er sich seiner Starrolle bewusst. Er posierte in allen Gefühlsausdrücken, von nachdenklich bis quietschvergnügt.

Meine Stimmung war trotz meines entzückenden Sohnes auf dem absoluten Tiefpunkt, denn die amerikanische Armee war tatsächlich in einer Invasion am 6. Juni 1944 an der Atlantikküste Frankreichs gelandet. Mit dieser Operation läuteten die Alliierten das Ende des Zweiten Weltkrieges ein. Bis September dieses Jahres waren 240.000 deutsche Soldaten in Frankreich gefallen oder verletzt worden, 200.000 gerieten in alliierte Gefangenschaft, auch Franz. Auf einer Karte erhielt ich die knappe Mitteilung, dass er in amerikanische Kriegsgefangenschaft geraten war. Diese Nachricht sollte für ein ganzes Jahr das einzige Lebenszeichen sein.

Peter, vier Monate alt, mein ganzer Stolz

Nun war ich also mit meinem Kind und meiner Mutter allein. Wann würde ich Franz wiedersehen? Es gab keine Hoffnung, dass Franz in absehbarer Zeit zu mir und unserem Sohn zurückkehren würde. Doch tief in meinem Herzen wusste ich, dass wir drei eines Tages wieder glücklich vereint sein würden.

Jetzt gab es an allen Fronten nur noch Niederlagen. Um zu retten, was vielleicht noch zu retten wäre, wurde auf Hitler ein Attentat verübt: Am Morgen des 20. Juli 1944 flog Graf von Stauffenberg, ein hoher Offizier der deutschen Wehrmacht, zusammen mit seinem Adjutanten Oberleutnant Werner von

Haeften zum Führerhauptquartier »Wolfsschanze« in Ostpreußen, wo sich Hitler mit seinem Stab befand. Sie führten in einer Aktentasche zwei mit Zeitzündern versehene Bomben mit. Stauffenberg stellte diese am Tisch Adolf Hitlers ab und verließ unter einem Vorwand den Raum. Wenige Minuten darauf kam es zur Explosion. Vier der 24 Anwesenden wurden getötet. Hitler, der kurz davor aus dem Raum gegangen war, blieb am Leben und war nur leicht verletzt. Die Attentäter wurden sofort ausfindig gemacht und noch am selben Tag hingerichtet. Bald darauf liquidierte man auch die etwa 200 anderen putschenden Offiziere der Gruppe. Es war nicht das erste Attentat, das auf Hitler verübt wurde, doch er hatte alle überlebt. Was für eine Wendung hätte die Geschichte genommen, wenn einer dieser Anschläge geglückt und Hitler getötet worden wäre! Wie so oft prahlte er auch diesmal mit der »Vorsehung«, die ihm das Leben gerettet habe.

Ich muss gestehen, dass wir damals immer noch an Hitler und seinen glorreichen Endsieg glaubten und davon überzeugt waren, dass ihn eine höhere Macht vor dem Tod bewahrt hatte. Empörung über die Attentäter machte sich breit. Überall gab es Protestkundgebungen, auch in Mährisch-Ostrau vor dem Rathaus. Ich ging mit Peter hin. Er strampelte munter in seinem Kinderwagen, einem Reichseinheitsmodell. Seine Augen waren so blau wie sein Strampelanzug. Als er gar den Arm hob, meinte eine Bekannte verzückt: »Schaut mal, er macht schon »Heil Hitler«.

Oft ging ich in der »Schießstätte«, einem großen Park und Treffpunkt junger Mütter, spazieren. So manches Mal musste ich Peter den Ruß aus dem Gesicht blasen, denn Ostrau war eine Stadt der Kohle und des Eisens.

Der Wahnsinn beginnt

Bald heulten auch bei uns immer öfter die Sirenen und warnten vor Fliegerangriffen. Wenn im Radio das Kuckuckszeichen ertönte und der Sprecher feindliche Verbände im Anflug auf Kärnten und die Steiermark meldete, bedeutete dies für uns Alarmstufe 1.

Schnellstens packten Mutter und ich Peter in den Kinderwagen, schleppten ihn auf der Treppe vom zweiten Stock hinunter und rannten in einen etwa drei Kilometer entfernten Stollen, der in einen Felsen gehauen war und als absolut sicher galt. Jedes Mal saß uns die Angst im Nacken. Würden wir es bis dahin schaffen oder müssten wir versuchen, irgendwo in der Stadt, wo wir den Bomben schutzlos ausgeliefert gewesen wären, Unterschlupf zu finden?

Bisher war es uns immer gelungen, den Stollen zu erreichen, doch einmal war die Zeit zu knapp, um aus dem Haus zu flüchten. Wir mussten also im Keller Schutz suchen. Ausgerechnet an diesem Tag fielen Bomben auf unser Viertel. Ein schreckliches Dröhnen und heftige Detonationen waren zu hören, und eine dichte Staubwolke hüllte uns sogar in unserem tief gelegenen Zufluchtsort ein. Meine Mutter und ich steckten die Köpfe unter das Dach von Peters Kinderwagen, um meinen Sohn und uns zu schützen, als ob uns das bisschen Kinderwagendach hätte retten können. Zitternd vor Todesangst hofften wir inständig, nicht verschüttet zu werden. Im Nebenhaus war eine Bombe eingeschlagen. Die Insassen des Nachbarkellers schrien und versuchten, ein Loch durch die Mauer zu uns durchzubrechen, da sie eingeschlossen waren. Als wir nach der Entwarnung nach draußen konnten, stand vom Nachbarhaus nur noch eine Mauer, alles andere war in Schutt und Asche gelegt. Es gab viele Tote, manche hatten wir gekannt.

Vor unserem Haus war ein Blindgänger gelandet, und wir mussten unsere Wohnung für zwei Tage räumen, bis er entschärft war. Es war ein ungutes Gefühl, an der Bombe vorbeizugehen. Nicht daran zu denken, was mit uns geschehen wäre, wenn sie kein Blindgänger gewesen, sondern an unserem Haus explodiert wäre.

Schließlich fanden wir bei meiner Tante Unterschlupf. Sie hatte nur eine kleine Wohnung und war auf Kinder nicht eingestellt. So war das Zusammenleben nicht ganz einfach, doch wenigstens hatten wir ein Dach über dem Kopf.

Wie froh war ich, als wir zurück in unsere eigene Wohnung konnten! Viele Fensterscheiben waren durch das Bombardement zu Bruch gegangen. Sie wurden nun ersatzweise durch Bretter ersetzt.

Nach diesem schrecklichen Ereignis, das für uns gerade noch gut ausgegangen war, beschlossen wir, nicht mehr in der Stadt zu bleiben. Es war zu gefährlich geworden. Jeden Morgen fuhren wir jetzt mit der Straßenbahn durch die von Bomben gezeichnete Stadt in das etwa eine halbe Stunde entfernte

Peterswald. Dort hielten wir uns den ganzen Tag bis zum Abend im Wald versteckt. Windeln und Grießfläschchen für den nun fünf Monate alten Peter hatten wir dabei. Er war immer vergnügt, ein richtiger Sonnenschein. In welch fürchterliche Welt er hineingeboren worden war, wusste er nicht.

Etwas später führten meine Mutter, Peter und ich ein Leben unter freiem Himmel. Auch wenn es nie Fliegeralarm gab, wenn wir im Wald waren, blieben wir immer dort. Sicher war sicher! Nach mehreren durchwachten Nächten wurde es jedoch zu gefährlich für uns, sich bei jeder Witterung im Wald aufzuhalten. Wir waren zwar nicht die Einzigen, die dort Schutz suchten, aber inzwischen trieb sich allerhand Gesindel herum. Davor fürchteten wir uns fast noch mehr als vor eventuellen Bomben.

Immer häufiger gab es Gerüchte, dass ein Großangriff auf Ostrau bevorstünde. War die Stadt doch ein wichtiges Kohlerevier, das der Feind zerstören wollte. Voller Angst packten wir wieder alles zusammen und fuhren mit dem Zug in ein Gebirgsdorf an der slowakischen Grenze, das uns von den Ferien her bekannt war. Abends kamen wir an, gingen von Tür zu Tür und baten um Quartier. Doch überall wurden wir barsch abgewiesen. Wie Maria und Josef auf Herbergssuche in Bethlehem kamen wir uns vor.

Endlich ließ uns eine alte Frau in ihr kärgliches kleines Haus. Sie erklärte uns, warum die tschechischen Bewohner des Ortes so unfreundlich und ängstlich gewesen waren: In den umliegenden Wäldern hielten sich Partisanen versteckt, die den

Dorfbewohnern Strafen angekündigt hatten, sollten sie Deutschen helfen oder ihnen Unterschlupf gewähren. Sogar mit Erschießung hatten sie ihnen gedroht. Kein Wunder also, dass uns niemand aufnehmen wollte. Nur die alte Frau gab uns Quartier, nachdem sie den kleinen Peter gesehen hatte. Selbst in dieser unheilvollen Zeit gab es Menschen mit gutem Herz.

Schon am nächsten Tag, einem strahlenden Sommertag, geschah es: Wir erlebten eine wahre Invasion von Partisanen. Anschwellender Motorenlärm ließ uns zum Himmel schauen, wo eine große Zahl silbern glänzender Flugzeuge kreiste. Auf einmal ergoss sich aus ihnen ein Schwall von Fallschirmspringern. Es müssen Hunderte gewesen sein, so erschien es mir zumindest. In dichten Trauben hingen sie an ihren weißen Fallschirmen und schaukelten langsam vom blauen Himmel zur Erde herunter. Zu normalen Zeiten wäre das ein spektakuläres Ereignis gewesen, doch jetzt packte uns die nackte Angst. Würde womöglich einer neben uns landen und entdecken, dass wir Deutsche waren? Wir befanden uns in Lebensgefahr. Panisch rannten wir ins Haus, packten eiligst unsere Sachen und ergriffen Hals über Kopf die Flucht. Nichts wie weg von hier! Zum Bahnhof! Gerade noch erwischten wir den letzten Zug nach Hause, in dem wir dann erfuhren, dass zur gleichen Zeit ein Großangriff mit feindlichen Bombern auf Ostrau stattfand. Vor Entsetzen hielten wir den Atem an. Wohin sollten wir nun? An eine Heimfahrt war nicht mehr zu denken. Im Gegenteil! Wir waren froh, dass wir nicht in Ostrau geblieben waren.

Wir mussten an einem Ausweichbahnhof aussteigen, da der Hauptbahnhof in Ostrau zerstört war. Nach eingehender Beratung beschlossen wir, mit Peter im Kinderwagen die lange Strecke nach Ostrau zu Fuß zu gehen. Inzwischen, so hofften wir, würde der Bombenangriff vorbei sein. Wir stellten uns die bange Frage, ob unser Haus noch stehen und unsere Wohnung noch existieren würde. Sollten wir nur noch ein Trümmerfeld vorfinden? Wohin dann?

Nach einem stundenlangen Fußmarsch konnten wir in Ostrau erleichtert feststellen, dass unser Haus noch einigermaßen intakt war. Doch in der Stadt sah es schlimm aus. Nicht nur, dass viele Häuser zerbombt und eingestürzt waren, es gab auch Menschenleben zu beklagen.

Die meisten Einwohner hatten sich in die Splittergräben am Stadtrand geflüchtet, in denen auch wir oft Schutz gesucht hatten. Dort wähnten sie sich sicher. Viele dieser Gräben waren aber von den einstürzenden Häusern verschüttet worden.

Tagelang hörte man das Rufen, Weinen und Wimmern der Eingeschlossenen, die nicht gerettet werden konnten – bis es still wurde. Wie viele Menschen wohl so grausam ums Leben kommen mussten?

Unsere Wohnung war zwar beschädigt, aber zum großen Glück noch bewohnbar. Nun hausten wir monatelang darin, immer in Ungewissheit und Angst. Aus Mangel an Heizmaterial war es kalt. Lebensmittel waren streng rationiert, hinaus zu den Bauern zu gehen, um zu betteln, brachte nichts. Zu viele aus der Stadt waren dorthin unterwegs. Wie hatte sich unser Leben verändert!

Gottlob hatte ich meine Mutter bei mir, wir hielten zusammen, die Not machte uns in vielem erfinderisch. Das gleiche Schicksal vereinte uns: Sie hatte ihren Mann verloren und war in noch jungen Jahren Kriegerwitwe geworden; ich hatte von Franz lange nichts gehört. Er hatte seinen kleinen Sohn noch nicht einmal gesehen. Ob er ihn jemals zu Gesicht bekommen würde oder überhaupt noch lebte? Darüber grübelte ich in schlaflosen Nächten nach. Immer wieder nahm ich seinen letzten Brief zur Hand, fast konnte ich ihn auswendig.

Die Front kam inzwischen näher, die Russen waren auf dem Vormarsch. Von den Tschechen wurden sie sehnsüchtig als ihre Befreier, von uns Deutschen voll Angst und Panik erwartet. Man hatte von schrecklichen Massakern und Vergewaltigungen gehört. Wie die Tschechen rächten sich nun auch die Russen für das, was die Deutschen ihnen in diesem unseligen Krieg angetan hatten. Heute weiß man, dass Russland geschätzte 24 Millionen Menschen verlor – etwa zehn Millionen Soldaten der Roten Armee und mehr als 14 Millionen unschuldige Zivilisten.

Näher und näher kam die Front, man hörte bereits ihr dumpfes Grollen. Verstört sahen wir zu Weihnachten 1944 in dichtem Schneegestöber einen langen Treck von Flüchtlingen aus dem Osten durch die zerbombte Stadt ziehen. Sie saßen in Decken eingemummt auf ihren Pferdewagen und waren ein Bild des Elends selbst.

Noch hofften wir, zu Hause bleiben zu können, und glaubten verzweifelt an den Endsieg der Deutschen, obwohl man längst hätte wissen müssen, dass der Krieg verloren war und Hitlers angekündigte »Wunderwaffe« nie Wirklichkeit werden würde. Doch die Hoffnung stirbt zuletzt und wir klammerten uns an sie.

Abschied von Ostrau

Im schneereichen und eiskalten Januar 1945 mussten wir unsere Heimat verlassen. Zuerst wurden Mütter mit Kleinkindern »vorübergehend« ausgesiedelt. In spätestens zwei Wochen würden wir wieder zurück sein, so sagte man uns. Also packten meine Mutter und ich, töricht und gutgläubig, ein paar Koffer und wir brachen mit dem zehn Monate alten Peter auf. Meine Mutter durfte mich gottlob begleiten, ohne sie hätte ich das, was uns bevorstand, nicht bewältigen können. Arglos sperrte ich die Wohnungstür hinter mir zu, nicht ahnend, dass wir niemals mehr hierher zurückkommen würden.

Mit unzähligen anderen wurden wir in einem vollkommen überfüllten Zug in ein Flüchtlingslager in der Nähe von Prag gebracht. Bereits die Fahrt dorthin war eine Tortur. Danach mussten die Flüchtlinge im Klassenzimmer einer Schule ihr Strohlager beziehen. Immerhin bekam Peter ein Gitterbettchen. Darin stand er nun auf zwei noch etwas wackeligen Beinchen und schaute verwundert in die fremde Umgebung. Zum Empfang wurde er mit einem angebrannten Grießbrei gefüttert, der so dick war, dass der Löffel darin stecken blieb. Armer Peter! Daheim war er so behutsam gepflegt und umsorgt worden.

Nun saßen wir Frauen und Männer mit leerem Blick auf dem Stroh und sinnierten über unser Schicksal.

Kinder weinten und schrien, und auch mancher Erwachsene schluchzte verzweifelt vor sich hin. Es war trostlos. Doch immer noch glaubten wir, dass dieser Zustand vorübergehend sei und wir bald wieder zu Hause wären. Spätestens am Geburtstag des Führers würde die versprochene Wunderwaffe eingesetzt und der Endsieg errungen werden. Heute kann man diesen völlig unbegründeten, bodenlosen Optimismus nicht mehr nachvollziehen. War denn das gesamte Volk benebelt, einer Gehirnwäsche unterzogen worden?

Zum Glück mussten wir nicht lange im Lager bleiben. Ich wusch gerade Peters Windeln in eisigem Brunnenwasser, als ein Gutsdirektor aus der Nachbarschaft erschien, der Flüchtlinge bei sich aufnehmen wollte. Seine Wahl fiel glücklicherweise ausgerechnet auf uns. Auf seinem kleinen Schloss in der Nähe von Melnik bei Prag wurden wir den Umständen entsprechend gut behandelt. Wir gehörten fast zur Familie, in der bereits drei Kinder waren.

Eine große Freude in dieser schwierigen Zeit empfanden alle, als Peter an seinem ersten Geburtstag im Park auch seine ersten Schritte machte.

Eines Tages fand ich beim Mittagessen einen Brief von Franz aus Amerika auf meinem Teller. Das erste Lebenszeichen nach einem Jahr! Wie man uns gefunden hatte, ist mir heute noch ein Rätsel. Die Bürokratie funktionierte offensichtlich noch. Meine Hand zitterte, als ich das Kuvert öffnete. Alle starrten mich erwartungsvoll an, gespannt darauf, was Franz geschrieben hatte. Niemandem kam der Gedanke, dass ich den Brief nicht vor versammelter

Runde, sondern erst für mich allein lesen wollte. Als ich dann mit der Nachricht verschwand, waren alle ziemlich empört.

Neben vielen Liebesbeteuerungen stand in dem Brief, dass Franz an der Front in Frankreich verwundet und von Franzosen gefangen genommen worden war, die ihn dann an die Amerikaner ausgeliefert hatten. Nun sei er in amerikanischer Kriegsgefangenschaft in den USA, in einem riesigen Lager in Arkansas. Es gehe ihm gut, die Gefangenen würden korrekt behandelt. Er sei jedoch in großer Sorge um mich, Peter und meine Mutter. Er hoffe, dass wir fliehen konnten, denn im Lager höre man von Neuankömmlingen Schreckliches von der Heimat. Andererseits frage er sich in Angst und Sorge, wo wir denn im Notfall untergekommen wären.

Wie Franz mir später erzählte, hatte er in den Kämpfen einen Unterschenkeldurchschuss erlitten und war bei dem verzweifelten Versuch, sich zu den deutschen Linien durchzuschlagen, erst in französische, dann in amerikanische Gefangenschaft geraten. Zunächst wurde er mit vielen anderen nach England gebracht und dort in einem englischen Lazarett operiert. Der jüdische Arzt, der die Operation vornehmen sollte, weigerte sich zuerst. Er gab Franz unverblümt zu verstehen, dass er ihm wegen der Verfolgung und Vernichtung seines Volkes durch die Nationalsozialisten nicht helfen müsste. Dann aber operierte er ihn doch. Danach kam Franz in die USA. Heute weiß ich, welch großes Glück es war, dass Franz in amerikanische Kriegsgefangenschaft geraten ist. Denn was hier in Europa nach

1944 in allen Kriegsgebieten geschah, war entsetzlich. So brachte der russische Winter vielen Soldaten den Hunger- oder Kältetod. Kamen sie in sowjetische Kriegsgefangenschaft, wurde ihr Sterben meist nur hinausgezögert. Die Verhältnisse dort waren unvorstellbar grausam. Franz befand sich also zumindest in relativer Sicherheit, auch wenn wir untröstlich waren, uns nicht sehen zu können.

Der Brief wühlte mich bis in meine tiefsten Tiefen auf. Ich weinte und las ihn immer wieder. Franz, gefangen in Amerika! So weit entfernt! Andererseits war ich froh, dass er nicht mehr an der Front und in das Kriegsgeschehen verwickelt war. Irgendwann musste der Krieg ja zu Ende sein und Franz würde zu mir zurückkommen. Dieser Gedanke hielt mich aufrecht.

Vor unserem Weggehen aus Ostrau hatte ich meiner Tante in Nordböhmen einige Koffer mit Aussteuerwäsche und Teppichen geschickt, da wir beim Verlassen der Wohnung nur das Allernötigste mitnehmen konnten. Diese Dinge wollte ich nun gerne wiederhaben und schrieb ihr, sie möge mir die Koffer bitte ins Schloss kommen lassen. Doch nur einer kam an, alle anderen verschwanden unterwegs. Kein Wunder, die Menschen konnten alles gebrauchen! So ging manches Gepäckstück »verloren«. Am Ende besaß ich nur das wenige, was wir aus der Wohnung mitgenommen hatten.

Die Front rückte bedrohlich näher. Der Gutsherr beschloss daher, seine Frau mit den drei Kindern in den Böhmerwald zu seinem Bruder zu schicken, der dort Förster war. Zu unserem Glück durften wir mitfahren, es wäre im Schloss zu gefährlich geworden. Zusammen mit einer Menge von Lebensmitteln und einer Ziege, die auf der Fahrt für die Kinder gemolken werden sollte, verlud man uns auf einen Anhänger. Wir mussten eng zusammenrücken. Den Kindern gefiel es, denn für sie war es ein Abenteuer.

Per Zugmaschine ging es los in den Böhmerwald, der damals zur Bayerischen Ostmark gehörte. Die Ostmark war eine Bezeichnung für die Gebiete Niederbayern, Oberpfalz und Oberfranken, die nach dem Ersten Weltkrieg eingeführt worden war. Heute gehört der Böhmerwald zur neu entstandenen Tschechei.

Auf dem Fahrersitz der Zugmaschine saßen zwei tschechische Gutsangestellte mit geladenen Gewehren, um uns vor Überfällen zu schützen. Es hieß, in den Wäldern bei Strakonitz, die wir durchfahren mussten, befänden sich viele Partisanen. Dass uns unsere tschechischen Fahrer wirklich beschützt hätten, ist fraglich. Aber immerhin halfen sie uns Deutschen und brachten sich damit selbst in Gefahr. Was hätten auch zwei Männer gegen eine Schar von Partisanen ausrichten können? Trotzdem gaben uns die beiden bewaffneten Fahrer ein beruhigendes Gefühl.

Es war eine gespenstische Fahrt durch die Nacht. Tagsüber versteckten wir uns in den Wäldern oder versuchten, ein verlassenes Gehöft zu finden, da der Gutsherr gemeint hatte, die Fahrt sei untertags zu gefährlich. Wir wagten nicht zu sprechen, wenn wir durch den Wald fuhren, und hielten den Kindern den Mund zu, wenn sie reden wollten oder weinten.

Plötzlich blinkten Taschenlampensignale auf der Straße vor uns und wir wurden angehalten. Mir stand fast das Herz still vor Angst. Aber es waren, gottlob, keine Partisanen, sondern SS-Männer, die ein Kinderheim evakuierten und unsere Zugmaschine rekrutieren wollten.

Als sie jedoch in der Dunkelheit mit ihren Taschenlampen den Anhänger ableuchteten und sahen, dass wir selbst vier kleine Kinder dabeihatten, ließen sie uns weiterfahren. Was für ein Glück! Wir hätten sonst mit Sack und Pack, den vier Kleinen und der Ziege einen kilometerlangen Marsch vor uns gehabt.

Um die Mittagszeit kamen wir in Strakonitz an, einer kleinen Stadt im Böhmerwald mit einer wunderschönen Burg. Doch für solcherlei Schönheit hatte man in der Not keinen Blick. Ausgerechnet jetzt heulten die Sirenen. Fliegerangriff! Wir suchten verzweifelt und voller Panik nach einem Unterschlupf. Eine Frau zeigte uns den Weg in ein altes, leerstehendes Gebäude. Zum Glück bogen die Flieger ab, um vermutlich in Prag ihre tödliche Fracht abzuwerfen. Strakonitz blieb verschont.

Von unserem Unterschlupf aus zogen wir weiter. Die Kinder weinten und quengelten vor Hunger und Durst. Da hob meine Mutter die Ziege vom Anhänger, hockte sich mitten auf dem Marktplatz von Strakonitz hin und begann, die Ziege zu melken. Endlich konnte man den Kindern wieder etwas zu trinken geben.

Über den Anblick meiner Mutter mit der Ziege mitten auf dem Marktplatz von Strakonitz muss ich heute noch schmunzeln, vor allem, wenn ich daran denke, welchen Wert sie in der zurückgelassenen Heimat auf eine elegante Erscheinung gelegt hatte, wo sie nie ohne Hut aus dem Haus gegangen wäre. Doch das war vorbei, jetzt durfte man nicht zimperlich sein, und das war sie beileibe nicht.

Bei Schnee und Kälte zogen wir über Winterberg weiter in das kleine Böhmerwalddörfchen mit dem lustigen Namen »Pumperle«. Auf einer Anhöhe lag das Forsthaus. Hier freute man sich weitaus mehr über die vollen Schmalzfässer und Mehlsäcke als über uns. Der Förster war ein freundlicher Mann, der wenig sprach. Umso mehr quasselte seine Frau, die nach einer Operation an der Schilddrüse, von der sie dauernd erzählte, ziemlich hysterisch wirkte. Mit uns Flüchtlingen in ihrem Haus meinte sie, ein straffes Regiment führen zu müssen. Obwohl wir eine Menge an Lebensmitteln sowie die Ziege vom Gut mitgebracht hatten, wurde alles von ihr vereinnahmt, rationiert und organisiert. Sie teilte uns unsere Lebensmittel zu.

Ich war empört, sagte zu meiner Mutter: »Das ist unverschämt, die Sachen haben wir mitgebracht!«

Doch meine Mutter meinte: »Sei ruhig, sonst wird sie noch unausstehlicher. Wir müssen froh sein, hier bleiben zu dürfen!«

Ich erinnere mich, wie wir uns eines Sonntagmorgens auf einen lecker aussehenden Heidelbeerkuchen freuten, dessen Beeren wir im nahen Wald gesammelt hatten. Als ich hineinbiss, blieb mir das Stück buchstäblich im Hals stecken. Der Kuchen stank und schmeckte wie ein ganzer Hühnerstall, und das ist noch vornehm ausgedrückt. Mein Magen zog sich zusammen, ich glaubte, erbrechen zu müssen. Das Geheimnis des Gestankes war uralte Hefe, die in einem Glas Wasser seit ewigen Zeiten gezüchtet worden und entsetzlich vergoren war.

Wir beklagten insgeheim die vergeudeten Zutaten zum Kuchen, die Hausfrau selbst aß genüsslich Stück um Stück. Entweder war sie an diesen grauenvollen Geschmack gewöhnt, oder sie hatte keinen Geruchs- und Geschmackssinn mehr.

»Huubert!«, gellte es dauernd durchs Haus. Doch Hubert, der Oberförster, saß in seinem Lehnstuhl und starrte in Gedanken versunken aus dem Fenster in den Wald hinaus. Die hysterischen Ausbrüche seiner Frau ließ er in stoischer Ruhe über sich ergehen.

Da immer mehr Flüchtlinge ins Forsthaus kamen, wurden wir aus Platzmangel vorübergehend in einem feuchten, dunklen Kellerloch in der Mühle des Dorfes einquartiert. Tag und Nacht ratterte nebenan das Mühlrad, sodass an Schlaf nicht zu denken war. Doch wir mussten froh sein, ein Dach über dem Kopf zu haben. Inzwischen waren wir für alles dankbar.

Wenn wir beim Heumachen halfen, bekamen wir ein Mittagessen, ansonsten mussten wir zusehen, wie wir mit unseren inzwischen ziemlich reduzierten Vorräten zurechtkamen.

Des Führers Geburtstag am 20. April war vorüber gegangen, und es hatte keine Wunderwaffe und keine Wende zum deutschen Sieg in diesem verdammten Krieg gegeben.

Auch hier in Pumperle hörte man jetzt das Grollen der herannahenden Front. Im Radio, das man heimlich abhörte, wurde gesendet, dass die Amerikaner bereits in der Nähe seien. Man rätselte bang, wer zuerst hier sein würde: der Russe oder der Amerikaner. Wir hofften auf die Amerikaner und vermuteten, dass sie das kleinere Übel seien, obwohl man nicht vorhersehen konnte, wie sie mit uns, den »Nazis«, verfahren würden. Es herrschte allgemein große Angst und Unsicherheit, niemand wusste Genaueres, alles waren nur Gerüchte, die herumschwirrten.

Zu dieser Zeit wohnten wir wieder im Forsthaus. Vereinzelt tauchten versprengte deutsche Soldaten auf und baten um Zivilkleidung. Sie waren in ihren Uniformen in einer verzweifelten Situation: Entweder drohte russische beziehungsweise amerikanische Kriegsgefangenschaft, oder sie wurden von übereifrigen SS-Leuten, die ebenfalls hier herumirrten, wegen Desertation gefasst und unbarmherzig am nächsten Baum aufgehängt.

Die Förstersfrau jagte diese Soldaten erbarmungslos mit lautem Geschrei davon, was mir in der Seele wehtat. So erhielten diese verschreckten, ausgemergelten Gestalten, die jahrelang unter schlimmsten Entbehrungen ihr Leben aufs Spiel gesetzt hatten, den ihnen versprochenen »Dank des Vaterlandes«.

Der Mai 1945 nahte, Deutschland stand vor dem bitteren Ende des Krieges, der Kapitulation. Der vorher bejubelte Krieg war verloren und ließ ein total zerstörtes, ausgeblutetes Land zurück.

Man schätzt heute, dass dieser Krieg fünfzig Millionen Menschenleben gekostet hat, ganz zu schweigen von den Millionen physisch und psychisch Verletzten und den weiteren Millionen von Heimatvertriebenen und Flüchtlingen.

Da das Forsthaus Gefahr lief, von der Artillerie beschossen zu werden, flüchteten wir zu Fuß in ein Haus, das auf der Kuppe eines Berges stand. Es regnete in Strömen. Wir zogen den Handwagen mit Peter durch ein langes Waldstück mit vom Regen aufgeweichtem Lehmboden. Über unsere Köpfe pfiffen die Handgranaten, denn wir waren mitten in ein Gefecht geraten. Bei jedem Pfeifen duckten wir uns, hofften, nicht getroffen zu werden. Auf alles gefasst, trotteten wir völlig durchnässt unserem Ziel auf dem Berg entgegen.

Dort angekommen, drängten wir uns mit anderen Flüchtlingen im Keller zusammen. Ein Pfarrer, der mit dabei war, betete mit uns in banger Erwartung dessen, was weiter mit uns geschehen würde, und bat um eine gnädige Todesstunde. Das ärgerte mich sehr, denn ich wollte nicht sterben, ich wollte weiterleben.

Wir zitterten vor dem, was kommen würde: Würden es die Russen sein, von denen man grausame Dinge wie Erschießungen, Folter und Vergewaltigungen gehört hatte, oder die Amerikaner, von denen man nicht wusste, wie sie sich der deutschen Bevölkerung gegenüber verhalten würden. In ihren Augen waren wir alle Nazis und Anhänger Hitlers, der so viel Leid über die Welt gebracht hatte. Damit hatten sie nicht Unrecht, denn fast alle hatten wie wir Hitlers Beteuerungen und Versprechungen geglaubt und sich als etwas Besonderes gefühlt.

In späteren Jahren wollte niemand »dabei« gewesen sein.

Endlich stürmte ein Mann aufgeregt in den Keller und schrie: »Die Amerikaner sind da!« Zunächst waren alle erleichtert, denn so schlimm wie die Russen konnten sie wohl nicht sein. Zaghaft spähten wir aus unserem Kellerversteck hinaus in den Regen. Da sahen wir die amerikanischen Soldaten unter ihren Regenschirmen gemächlich die Anhöhe hinauf aufs Haus zugehen.

Nun klafft in meinem Erinnerungsvermögen eine große Lücke, ich kann mich an diese erste Begegnung mit den Amerikanern nicht mehr erinnern. Vermutlich stand ich nach all den Gefahren, Strapazen und Ängsten unserer bisherigen Flucht unter Schock. Die Amerikaner verhielten sich wahrscheinlich anständig, denn meine Erinnerung setzt erst wieder ein, als wir zurück im Forsthaus waren, wo sich einige der GI's einquartiert hatten. Ich weiß noch, dass sie nett und freundlich waren, vor allem zu den Kindern. Sie schenkten ihnen Schokolade und Kaugummis, etwas, das wir gar nicht kannten.

Ein gewaltiger Schrecken in diesen Tagen blieb mir aber ganz genau im Gedächtnis: Wir standen in der Küche des Forsthauses. Plötzlich sah ich meine Mutter wanken, dann fiel sie wie ein Stein zu Boden und bewegte sich nicht mehr. Die Förstersfrau, die auch in der Küche war, schrie hysterisch: »Die ist tot! Die ist tot!«

Ich beugte mich voll Panik über meine Mutter, schüttelte sie und weinte. Dann bemerkte ich, dass sie atmete. Endlich öffnete sie auch die Augen wieder. Es war »nur« eine Ohnmacht gewesen, eine Kreislaufschwäche. Kein Wunder bei all den Strapazen, Sorgen und Nöten und dem kargen Essen!

Es fällt mir schwer, diese schrecklichen und chaotischen Ereignisse einigermaßen verständlich wiederzugeben. Zu vieles geschah in dieser Zeit. Vor allem quälte uns die Unsicherheit, wie es denn nun weitergehen sollte. Wo sollten wir hin, wo könnten wir uns eine neue Bleibe suchen? Zurück in unser geliebtes Ostrau würden wir derzeit nicht mehr können, das war uns klar. Insgeheim hofften wir aber trotzdem darauf, denn die Hoffnung stirbt bekanntlich zuletzt.

Zuflucht im Böhmerwald

Nachdem der Krieg zu Ende war, schmiedeten meine Mutter und ich Pläne. Wir wollten nun doch entgegen aller Vernunft versuchen, mit Peter im Handwagen zu Fuß nach Hause, nach Ostrau zu gehen, denn wir sehnten uns nach unserer schönen Wohnung. Mährisch-Ostrau war zwar einige hundert Kilometer entfernt, doch das schreckte uns nicht ab. Nach diesem monatelangen Leben unter freiem Himmel wollten wir nur noch heim, endlich wieder ein eigenes Dach über dem Kopf haben.

In unserer Arglosigkeit dachten wir, in Mährisch-Ostrau wäre es wieder so wie früher. Wir waren ja mit niemandem verfeindet gewesen. Wer sollte uns also Böses antun? Wie naiv wir waren!

Doch schnell wurden wir eines Besseren belehrt. An den tschechischen Mob auf der Straße, der alles plünderte und niedermetzelte, was deutsch war, hatten wir nicht gedacht.

Ich muss heute sagen, dass wir in Mährisch-Ostrau die vorausgegangenen Ressentiments gegen die Tschechen nicht so hautnah mitbekommen hatten, denn wir waren mit unseren tschechischen Nachbarn stets gut ausgekommen.

Allerdings, das muss ich zugeben, hatte sich in der Nazi-Zeit einiges verändert. Viele Tschechen verloren zum Beispiel ihre Arbeit, wenn ein Deutscher sie beanspruchte, oder wurden aus ihrer Wohnung vertrieben, wenn ein Deutscher sie wollte. Auch dass immer wieder Tschechen verhaftet wurden und nicht mehr auftauchten, war bekannt. Vielleicht verschließt man seine Augen, wenn es einen nicht selbst betrifft. Wir hielten uns für die bevorzugte Klasse, der das Bessere zustand.

Natürlich hörte man von schrecklichen Dingen, wie zum Beispiel von der deutschen »Strafaktion« gegen das Dorf Lidice als Vergeltung für das tödliche Attentat auf den Statthalter in Prag, Rudolf Heydrich. Aber dass das gesamte Dorf ausgelöscht, alle Männer erschossen und Frauen und Kinder in KZ's gesperrt wurden, erfuhr man erst nach dem Krieg.

Für die erlittenen Gräueltaten rächten sich die Tschechen nun auf furchtbare Art und Weise an der seit Generationen dort ansässigen deutschen Bevölkerung. Wir erfuhren gerüchteweise, dass man Deutsche in Mährisch-Ostrau gefangen genommen, kahl geschoren, gefoltert und in Lager gesperrt hatte. Man hörte auch, dass Hunderte von Frauen mit ihren Kindern in die Elbe getrieben worden seien, wo sie ertranken. Tschechen hätten lachend und feixend vom Ufer aus zugesehen. Nachdem uns das zu Ohren gekommen war und wir selbst einige gefährliche Begegnungen mit Tschechen erlebt hatten, wurde uns klar, dass wir eine Rückkehr in die Heimat nicht riskieren konnten.

Inzwischen gab es auch Gerüchte, dass die Deutschen mit vierzig Kilogramm Handgepäck nach Westdeutschland ausgesiedelt werden sollten. Wir konnten das kaum glauben. Im Westen hatte es viel mehr Schäden durch Bombardierungen gegeben als im Osten. Wo könnten wir also da unterkommen? Es half alles nichts, nach langem Überlegen mussten wir uns schweren Herzens entscheiden zu bleiben, wo wir waren. Es gab kein Zurück in die Heimat.

Der tschechische Oberförster, der vor der Einverleibung des Böhmerwaldes 1938 durch Bayern hier stationiert und bei den Bewohnern sehr beliebt gewesen war, kam jetzt ins Forsthaus zurück. Das Gleiche galt für viele andere Tschechen, die man nach 1938 aus ihren Dienststellen vertrieben hatte, um sie durch Deutsche zu ersetzen. Sie erhielten ihre Arbeitsplätze wieder. Das versprach kein leichtes Leben für uns, die wir hier gestrandet waren.

Als der tschechische Förster im Forsthaus seinen Dienst antrat, drehte die Frau des deutschen Oberförsters völlig durch. Sie bekam einen hysterischen Anfall, wütete und schrie, war kaum mehr zu beruhigen.

Das deutsche Försterpaar, der nette deutsche Förster mit seiner »verrückten« Frau, übersiedelte dann nach Bayern, wo dem Mann eine Dienststelle zugewiesen wurde. Wir aber, Mutter, Peter und ich, bezogen mit unserem bisschen Sack und Pack unten im Dorf zwei winzige Dachbodenkammern in einem kleinen Bauernhaus. Immerhin hatten wir ein Dach über dem Kopf. Das bedeutete in diesen Zeiten viel, denn viele Trecks mit Hunderten von Flüchtlingen und Vertriebenen waren im Land unterwegs, auf der Suche nach einer Bleibe.

Unsere Behausung war alles andere als komfortabel, doch wir waren zumindest nicht obdachlos. Das war eine riesige Erleichterung, vor allem im Hinblick auf Peter.

Man stelle sich vor, was es bedeutete, mit einem Kleinkind auf der Flucht zu sein. Wie konnte man es ernähren? Oft hatten wir selbst nichts zu essen, mussten irgendwo um Milch für das Kind betteln. Selbst das Wechseln und Waschen der Windeln war ein Problem. Wegwerfwindeln wie heute gab es nicht, man musste jede Gelegenheit nutzen, um die Windeln zu säubern und irgendwie wieder zu trocknen. Ein Glück, dass Peter ein so unkompliziertes Kind war und selten weinte, wenn er stundenlang in seinen nassen und verschmutzten Windeln liegen musste.

Da war es wunderbar, eine feste Unterkunft zu haben, zu wissen, wo man Milch und Brot bekommen und wo man waschen konnte, wenn auch unter sehr primitiven Umständen. Abends hatte man einen sicheren Platz zum Schlafen, während man auf der Flucht oft keine Bleibe fand und im Freien übernachten musste.

Nach Kriegsende war die Grenze zwischen Bayern und Böhmen aus der Zeit vor 1938 wiederhergestellt worden. Das Gebiet, in dem wir wohnten, gehörte also wieder zur Tschechoslowakei. Ab Herbst 1945 wurden die Grenzübergänge gesperrt. Später würde hier der »Eiserne Vorhang« mit Stacheldraht und elektrischen Schießanlagen errichtet werden. Da tauchte nun eines Tages das Gerücht auf, es gebe die letzte Möglichkeit, unter amerikanischem Schutz nach Deutschland zu kommen.

Also mussten Mutter und ich wieder eine tief greifende Entscheidung treffen. Wir überlegten hin und her, denn wir trauten der Geschichte nicht. Doch dann packten wir unsere paar Habseligkeiten, stiegen auf einen amerikanischen Lastwagen und wurden in das zwanzig Kilometer entfernte Böhmerwaldstädtchen Wallern gebracht. Von dort aus sollte es nach Deutschland gehen.

Vor der Abfahrt wurden wir von den Tschechen gefilzt. Alle, die nach Deutschland wollten, mussten sich in Reih' und Glied aufstellen. Die Tschechen durchwühlten unser bisschen Gepäck und nahmen, was ihnen gefiel. Da half kein Weinen, kein Klagen, kein Bitten und Betteln. Unbarmherzig entrissen sie uns alles, was sie nur irgendwie brauchen konnten.

Ohnehin hatten wir kaum noch etwas, aber scheinbar doch zu viel. Auch mein gehüteter Koffer, den ich mir seinerzeit von meiner Tante hatte nachschicken lassen, wurde ein Raub der Plünderer. Die nagelneue Aussteuerwäsche, schön zusammengelegt, hatte besonderen Gefallen erregt. Viele Leute jammerten und weinten, als ihnen ihre letzten Habseligkeiten und Erinnerungsstücke genommen wurden. Auf dem Platz sah es aus wie auf einem Schlachtfeld. Federn von aufgeschlitzten Betten, Geschirr, Spielsachen, Soldatenfotos und mutwillig zerrissene Fotoalben lagen herum. Nirgendwo gab es amerikanischen Schutz!

Man erzählte sich später, die Tschechen hätten die Amerikaner betrunken gemacht, um ungestört plündern zu können. Ich glaube das nicht und vermute, dass die Amerikaner sich nicht mit den

Tschechen anlegen wollten, sondern ihnen die Plünderung erlaubten.

Die erste Nacht mussten wir in einem Hausgang auf dem Steinboden ohne Stroh oder Decken verbringen. Ich frage mich heute, wie man das alles aushielt. Noch heute, viele Jahrzehnte danach, bin ich dankbar dafür, dass ich abends in mein weiches, warmes Bett steigen kann. Vielleicht muss man erst so schlimme Zeiten und viele Entbehrungen mitgemacht haben, damit man die heutigen Bequemlichkeiten des Lebens nicht gedankenlos als Selbstverständlichkeit hinnimmt.

Meiner Mutter gelang es endlich, einen Handwagen zu organisieren. Peter wurde hineingesetzt, denn Gepäck hatten wir kaum noch. So ging es dann in einem vierstündigen Marsch zurück in unser kleines Dorf. Nun waren wir also wieder hier und um einen wertvollen Koffer leichter, aber unser Leben hatten wir gerettet. Von anderen, die angeblich nach Sibirien gebracht werden sollten, hörten wir niemals wieder etwas.

Der tschechische Kommissar Lenz aus der Gemeinde nahm uns wieder auf und freute sich sogar ein bisschen über unsere Rückkehr, da wir die Einzigen waren, mit denen er in dieser vormals rein deutschen Gegend tschechisch reden konnte. Er war ein sogenannter Repatriant, ein Mann, der nach der Vertreibung durch die Deutschen in seine angestammte Heimat zurückgeführt worden war. Weil er in Deutschland als Zwangsarbeiter hatte schuften müssen, genoss er verschiedene Vergünstigungen. Er nannte sich etwas hochtrabend »Kommissar«, war ein schmuddeliger Typ, aber sehr gutmütig und tat niemandem etwas zuleide, selbst den Deutschen nicht, die ihm übel mitgespielt hatten.

Sein Vorschlag an mich, in der Gemeindekanzlei zu arbeiten, kam mir sehr gelegen. Endlich Arbeit und etwas Geld! Ich konnte mein Glück kaum fassen! Von nun an waren meine Tage ausgefüllt. Peter war bei der Oma versorgt. Vom ersten Tag seiner Geburt an war er Omas Augenstern und blieb es zeitlebens.

Die Arbeit machte mir viel Freude, und da Herr Lenz kein großes Geisteskind und in der Rechtschreibung seiner Muttersprache so gar nicht bewandert war, ließ er mir freie Hand. Ich durfte schalten und walten wie ich wollte, völlig selbstständig arbeiten. Zur Gemeinde gehörten sieben Ortschaften, da gab es Arbeit genug: die Post erledigen, über Mensch und Tier Buch führen und für alle Einwohner Karteikarten anlegen.

Die Gemeindebewohner waren froh, dass sie mich als Ansprechpartnerin hatten. Ich konnte ihnen viel helfen, da ich sowohl Deutsch als auch perfekt Tschechisch sprach und schrieb. Kam jemand in die Kanzlei, um zu melden, dass ein Kälbchen verendet war – in Wirklichkeit war es im Backofen gelandet –, stellte ich anstandslos die benötigte Bestätigung aus, ohne irgendwelche Nachforschungen zu machen. Das wussten die Leute zu schätzen.

Eines Tages tauchte ein weiterer »Kommissar« im Dorf auf, ein Student aus Prag. Er war zwar intelligent, aber keineswegs so gutmütig wie Herr Lenz. Ich wurde Zeuge eines Gesprächs, in dem er vorschlug, die deutschstämmigen Ortsbewohner aus ihren Behausungen zu treiben und bis zur Aussiedlung in der Schule einzuquartieren. Ein monatelanges Lagerleben hätte uns geblüht. Ich war entsetzt darüber, denn es bestand keinerlei Notwendigkeit für solche Schikanen. Herrn Lenz gelang es aber zum Glück, dem Studenten das auszureden, und dieser verschwand bald wieder. Jenes Ereignis zeigt, wie sehr man der Willkür einzelner ausgesetzt war, wie viel Glück man brauchte, um ein halbwegs erträgliches Leben führen zu können.

Peter war inzwischen fast zweieinhalb Jahre alt. Als er neun Monate alt gewesen war, hatten wir unser Zuhause verlassen. Fast zwei Jahre waren Mutter, Peter und ich an den unterschiedlichsten Orten unterwegs gewesen. Endlich wollten wir ihn wieder fotografieren lassen. Zum Fotografen musste man mit dem Zug fahren, doch den Zug zu benutzen, war für Deutsche verboten. Wir schärften meinem Sohn also ein, während der Fahrt nicht zu sprechen, das hätte uns als Deutsche verraten. Obwohl dies bei einem kleinen Kind wie Peter ein höchst unsicheres Unterfangen war, hatte er es offensichtlich verstanden. Er hielt durch und sprach die ganze Fahrt kein einziges Wort. Es war fast nicht zu glauben, da er ansonsten ein rechtes Plappermäulchen war.

Wir lebten sehr bescheiden. Brot, Kartoffeln, Milch und Käse waren unsere einzigen Lebensmittel, Fleisch sahen wir nie. Wir bekamen Lebensmittelkarten und holten unsere kargen Rationen im fünf Kilometer entfernten Kuschwarda, dem nächsten größeren Ort. So lange Wege waren für uns alltäglich und nichts Besonderes.

In Kuschwarda waren Amerikaner stationiert, die in der Mittagszeit ihre prall gefüllten Essgeschirre vor sich hertrugen. Sie waren freundlich, riefen mir gelegentlich irgendetwas zu oder pfiffen hinter mir her. Ich war damals mit meinen 23 Jahren noch eine junge Frau und, wenn man das sagen darf, auch ganz hübsch.

Ab und zu versuchte ich, ihnen Post für Franz mitzugeben an die Adresse, die auf dem einzigen Brief stand, der mich erreicht hatte. Es war das amerikanische Lager Dermott im Staate Arkansas, wo Franz gefangen gehalten wurde. Doch er erhielt diese Briefe nie, wie er mir später erzählte. Auch ich bekam nie mehr einen Brief von ihm, obwohl er mir regelmäßig geschrieben hatte.

Am Fronleichnamstag flocht ich für Peter ein Kränzchen aus Margeritenblumen, setzte es auf seine blonden Haare und zog ihn im Handwagen nach Kuschwarda in die Kirche. Das waren unsere kleinen Freuden in dieser Zeit.

Ein besonders schönes Weihnachtserlebnis ist mir immer noch so intensiv in Erinnerung geblieben, als wäre es gestern gewesen: Nach kleineren Einkäufen in Kuschwarda, das auf einer Anhöhe lag, befand ich mich gerade auf dem Heimweg. Von dort hatte man eine weite Sicht in die Landschaft. Es war ein herrlicher Tag und vom blauen Himmel strahlte die Sonne über das Land. Beeindruckt von der Schönheit der Winterlandschaft schweifte mein Blick über die schneebedeckten Felder, die in der Sonne glitzerten, und über die dunklen Wälder, deren Silhouette sich am Horizont abzeichnete. Ich atmete tief durch, alles Belastende schien von mir in der Ruhe dieses Anblickes abgefallen zu sein.

Auf einmal ertönte aus den umliegenden Dörfern das Mittagsläuten. Ein erstes Glöcklein begann, weitere kamen mit hellem Klang hinzu und vereinigten sich zu einem wunderbaren Glockenkonzert, das eindrucksvoll durch die Winterlandschaft tönte. Weit und breit war kein Mensch, nur ich, wie allein auf dieser Welt. Fasziniert gab ich mich dem Genuss dieses Erlebnisses hin. Trotz Armut und Hoffnungslosigkeit durchströmte mich ein tiefes, inneres Glücksgefühl, das ich kaum fassen konnte. Dieses Glockenkonzert in der strahlenden Winterlandschaft in Böhmen war mein bisher schönstes Weihnachtserlebnis.

Einige Stunden später feierten meine Mutter, Peter und ich den Heiligen Abend in einer solchen Armseligkeit, wie wir ihn noch nie begangen hatten. Und doch war mir im Innersten froh zumute, ich spürte irgendwie, dass alles gut werden würde.

Der Winter brachte sehr viel Schnee und die kleinen Häuschen mit den winzigen Fenstern waren bis zum Dach zugeschneit, sodass wir uns einen Gang schaufeln mussten, um ins Dorf zu kommen.

Inzwischen hatten wir einige Leute aus dem Ort kennengelernt. Vor allem für meine Mutter war das schön, so war sie nicht nur mit dem kleinen Peter zusammen. Ich hatte ohnehin viel Kontakt mit der Bevölkerung durch die Arbeit in der Gemeinde.

Zu den Dingen, mit denen sich die Dorfbewohner die langen Abende vertrieben, gehörte das »Tischlrücken«. Aus purer Neugierde waren meine Mutter und ich auch einmal dabei, und es überraschte mich sehr, wie der Tisch alle Fragen, die an ihn gestellt wurden, beantwortete. Man musste die Tischplatte erst warm reiben und dann die Hände so darauflegen, dass die Finger der Umsitzenden sich berührten und eine Kette bildeten. Anschließend stellte man die Fragen.

Meine Mutter, die sich zu okkulten Dingen schon immer hingezogen gefühlt und früher oft Karten gelegt hatte, fragte, in wie vielen Monaten Franz aus der Gefangenschaft zurückkommen würde. Der Tisch klopfte sechsmal, was »im Juni« heißen sollte. Die Zukunft sollte beweisen, dass der Tisch recht gehabt hatte.

Dann fragten wir nach der Zahl meiner Kinder. Der Tisch klopfte zweimal fest und machte ein drittes Mal nur einen kleinen Hüpfer. Auch das sollte sich Jahre später als richtig erweisen.

Schließlich konnte meine Mutter es nicht lassen, nach ihrer Lebenszeit zu fragen, obwohl ich sie in die Seite puffte und den Kopf schüttelte. Das wollte ich nämlich nicht wissen. Der Tisch klopfte 58 Mal, wir zählten genau mit. Vielleicht war dem Tisch die Klopferei zu viel geworden oder er hatte sich durch mein negatives Denken verrechnet, denn sie wurde 86 Jahre alt. Meine Mutter war damals erst Ende vierzig und der Gedanke, dass sie nur noch wenige Jahre leben sollte, war für mich unerträglich.

Aber ich konnte die Antwort des Tischchens nicht aus meinem Gedächtnis verdrängen. Als Mutters 58. Geburtstag anstand, war ich davon überzeugt, es sei ihr letzter, und wurde von schweren Depressionen heimgesucht. Sie ließen erst nach, als das Jahr vorüber war und sich meine Mutter bester Gesundheit und Schaffenskraft erfreute.

Ich habe mir später oft den Kopf über die zutreffenden Voraussagen des Tischchens zerbrochen. An Geister und Hexerei kann ich nicht glauben. Vielmehr stelle ich mir vor, dass jeder seinen Lebensablauf von der Geburt bis zum Tod in sich trägt. Vielleicht tritt dieses »Wissen« durch irgendwelche physikalischen Vorgänge aus dem Unterbewusstsein heraus und wird preisgegeben. So ist meine naive Idee. Sollte aber jemand darüber lachen und es besser wissen, lasse ich mich gerne belehren.

Inzwischen war der tschechische Oberförster, er hieß mit Familiennamen Otec, zu Deutsch »Vater«, ins Forsthaus eingezogen und hatte auch das Bürgermeisteramt übernommen. Er war ein stattlicher Mann mit einem imposanten, kastanienbraunen Vollbart, ein Mensch, der Wärme und Güte ausstrahlte, wie ein guter Vater eben. Den Herrn Lenz konnte er gar nicht leiden, das ließ er ihn auch spüren. So machte sich Herr Lenz, der nun überflüssig geworden war, eines Tages davon.

Herr Otec kam zweimal wöchentlich in die Gemeindekanzlei, um die Post zu unterschreiben. Die übrige Zeit arbeitete ich allein zu aller Zufriedenheit. Nur einen kommunistischen Briefträger gab es, dem ich ein Dorn im Auge war. Er wollte nicht akzeptieren, dass ich als Deutsche auf der Gemeinde selbstständig arbeitete und sogar die Befugnis hatte, die Dienstpost zu öffnen. Besonders seine eifersüchtige

Frau schürte seinen Hass. Schließlich zeigte er mich bei der Sicherheitsbehörde in der Kreisstadt Prachatitz an.

Eines Tages kam der Sicherheitsreferent, nahm mir die Schlüssel der Kanzlei ab und befahl mir, auf der Stelle zu gehen. Ich war enttäuscht und wütend. Das also war der Dank für meine gewissenhafte Arbeit, die der Gemeinde im gesamten Umkreis den Ruf einer »Mustergemeinde« eingebracht hatte. Dass dies einer Deutschen zu verdanken war, suchte man natürlich zu vertuschen.

Weinend ging ich nach Hause und wusste nicht, was auf mich zukommen könnte. Da sah ich aus der Ferne einen Gendarmen und erstarrte vor Angst. Ich befürchtete, er würde mich holen. Der Sicherheitsreferent war nämlich der Meinung gewesen, dass ich die Frau eines Nazibonzen sei, die sich hier versteckt halte. Seine Nachforschungen in Mährisch-Ostrau hatten aber nichts ergeben, außer dass ich Dirndlkleid und weiße Strümpfe getragen und mich so zu meinem Deutschtum bekannt hatte. Dies war allerdings aus tschechischer Sicht schon ein Vergehen.

Einige Tage nach diesem Vorfall ließ mich Herr Otec zu sich rufen. Er gab mir die Schlüssel der Kanzlei zurück und bat mich, weiter für die Gemeinde und für ihn zu arbeiten. Dies tat er auf eigene Verantwortung. Anfangs fühlte ich mich gar nicht wohl dabei, weil ich somit dem Befehl des Sicherheitsreferenten zuwiderhandelte und Repressalien fürchten musste. Doch Herr Otec zerstreute meine Bedenken, und ich wollte ihn nicht enttäuschen und im Stich lassen, sondern unbedingt wieder arbeiten. Welch ein Wunder, dass nichts weiter geschah! Nur der Briefträger sah mich mit seinen kalten blauen Augen noch eisiger an.

Franz kommt zurück!

Ich grübelte ständig darüber nach, wie Franz uns finden könnte, wenn er aus der amerikanischen Kriegsgefangenschaft zurückkäme. Obwohl mir der Unsinn okkulter Praktiken bewusst war, hoffte ich fest, dass das Tischchen beim Tischerücken recht gehabt hatte. Der einzige Brief, den ich von Franz ein Jahr zuvor erhalten hatte, war an unsere Heimatadresse in Mährisch-Ostrau gerichtet gewesen und mir vom Roten Kreuz nachgeschickt worden.

Es fiel mir ein, dass Franz vor Jahren bei einer Kölner Familie einquartiert gewesen war, und ich vermutete, dass er sich dorthin wenden würde, zumal er in Westdeutschland sonst niemanden kannte. Da mir die Adresse in Immendorf bei Köln bekannt war, schickte ich nun einen Brief mit einem Foto von Peter dorthin.

In dem Schreiben schlug ich Franz vor, an die Grenze nach Philippsreut zu kommen. Ich wurde auch dorthin gehen, um ihn nach dieser langen Zeit wenigstens wiederzusehen. An ein Zusammenziehen war nicht zu denken, nie würde er die Grenze zur Tschechei überschreiten dürfen. Doch wir würden wenigstens miteinander sprechen und uns umarmen können.

Ich hatte mit der Adresse bei Köln richtig vermutet, denn es dauerte nicht lange, da kam im Mai 1946 aus Immendorf ein Brief von Franz mit der Mitteilung, dass er tatsächlich aus der Kriegsgefangenschaft entlassen worden war und bei den Leuten in Köln Zuflucht gefunden hatte. Wie ich in den Besitz dieses Briefes kam, weiß ich heute nicht mehr, doch ich denke, er wurde geschmuggelt, denn die Post funktionierte noch nicht.

Hier muss ich eine Lanze für den Suchdienst des Roten Kreuzes brechen, der in der Nachkriegszeit Unglaubliches geleistet hat, um versprengte Familien wieder zusammenzubringen – und das alles ohne Computer, die das heute viel leichter machen würden.

Den Brief von Franz besitze ich heute noch. Gelegentlich lese ich ihn in wehmütiger Stimmung. Damals war ich hocherfreut und völlig außer mir über den Erhalt seines Schreibens gewesen:

»Liebste Sonja, mein bestes Frauchen!«, begann er. Dann schrieb er weiter, er würde versuchen, nach Philippsreut zu kommen, wie und wann könne er nicht sagen, da die Züge sehr unregelmäßig führen. *»Mit dem Foto von Peter hast du mir eine riesige Freude gemacht«*, fuhr er fort. *»»Ich finde, er sieht mir ähnlich, nur die Augen sind Muttis Geschenk. Er scheint gut im Futter zu stehen und so soll es auch sein, nur nicht am Essen sparen!«* Ich musste lächeln als ich das las. Franz schien zu glauben, wir lebten im Überfluss, dabei sparten sich meine Mutter und ich oft etwas vom Munde ab, um es Peter zuzustecken. *»Ich bin nun in Zivil, alles geschenkte Kleidung, sehr ärmlich, aber doch so, dass man den Wochentag vom Sonntag unterscheiden kann. Es wäre so schön, wenn wir zusammenbleiben könnten, aber*

das wird wohl derzeit nicht möglich sein, aber ganz sicher in naher Zukunft, daran glaube ich fest! Dann kann endlich unser gemeinsames Leben beginnen, welches wir uns erträumt haben und das uns so schnell genommen wurde.

Dir, mein herzallerliebstes Frauchen, viele liebe Küsschen von Deinem Franzl«

Franz schaffte es in der Tat, im Juni 1948 nach Philippsreut zu kommen, das etwa vier Stunden Gehzeit von uns entfernt war. Eine lange Strecke für mich, die ich jedoch gerne auf mich nahm, um Franz zu sehen.

Für Franz war die Reise mit erheblichen Schwierigkeiten verbunden, denn es war kompliziert, erst durch die englische, dann durch die amerikanische Zone zu gelangen. Deutschland war ja damals zwischen den alliierten Siegern, den Amerikanern, den Briten, den Franzosen und den Russen, in vier Zonen aufgeteilt worden.

Man kann sagen, dass die Gebiete, die in der amerikanischen Zone lagen, Glück gehabt hatten. Ihnen ging es nach dem Krieg schnell besser, sie hatten mit geringeren Repressalien und Verboten zu rechnen, anders als die Menschen in der französischen oder der britischen Besatzungszone. Die russische Besatzungszone traf es am schlechtesten. Die Geschichte zeigt, dass dieser Teil nach wenigen Jahren abgetrennt wurde und als »Deutsche Demokratische Republik« weiter bestand. Somit wurde Deutschland in zwei Staaten aufgeteilt.

Irgendwie schaffte es Franz, sich nach Passau durchzuschlagen und per Anhalter weiter bis nach

Philippsreut zu gelangen. Es war in der Tat im Juni, das »Tischchen« hatte sich nicht geirrt. Franz fand Unterschlupf in einem Haus, wo man illegalen Grenzgängern über die Grenze half. Das war höchst gefährlich, denn man war nie vor Denunzianten sicher. Er ging zur Grenzstation und bat die tschechischen Zollbeamten, mich in der Gemeindekanzlei anzurufen und mir seine Ankunft mitzuteilen. Sie taten es bereitwillig, da sie mich aus der Arbeit im Büro kannten. Als ich den Anruf erhielt, zitterten mir die Knie, denn in die Wiedersehensfreude mischten sich Angst und Zweifel.

In einer für uns heilen Welt waren wir auseinandergegangen. Nun, nach drei Jahren, trafen wir uns unter vollständig veränderten Umständen wieder: ohne Heimat, ohne Hab und Gut. Wie mochte sich Franz in dieser Zeit durch Krieg, Verwundung und Gefangenschaft verändert haben? Auch ich war nicht mehr die sorglose junge Frau, in die er sich verliebt hatte und die er kurz nach der Heirat verlassen musste, um an die Front zu ziehen. Franz wusste zwar von der Geburt unseres Sohnes, hatte ihn jedoch noch nie gesehen. Mit Mutters Hilfe hatte ich schlimme Zeiten hinter mich gebracht und so manches durchgestanden. Wie würde Franz dies sehen, wie würde er damit zurechtkommen, und vor allem: Würde er noch der Franz sein, in den ich mich verliebt hatte?

Erwartungsvoll, aber auch voller Sorgen und Zweifel machte ich mich auf den vierstündigen Fußmarsch zur Grenze. Im Büro hatte ich vorsichtshalber eine Bescheinigung in tschechischer, deutscher und englischer Sprache ausgestellt und mit etlichen amtlichen Stempeln versehen, in der Hoffnung, dass diese die amerikanischen Grenzsoldaten beeindrucken würden. Unterwegs blieb viel Zeit zum Nachdenken. Wie anders hatte ich mir unser Wiedersehen ausgemalt! Ich sah mich in Ostrau mit Peter im Kindersportwagen zum Bahnhof marschieren, wo ein mit Girlanden geschmückter Zug voll jubelnder, siegreicher Soldaten bei schmissiger Marschmusik in die Halle einfuhr. Doch die jetzige Wirklichkeit war gleichsam das Gegenteil jener Wunschvorstellung. Solch trübe Gedanken wälzend, kam ich an die Grenze.

Die tschechischen Grenzbeamten ließen mich anstandslos hinüber, den Amerikanern in ihrem Wachhäuschen zeigte ich meine abgestempelte Bescheinigung, von der sie, wie erwartet, beeindruckt waren. Als ich ihnen zudem erklärte, dass mein Mann aus amerikanischer Gefangenschaft entlassen worden war, grinsten sie verständnisvoll und ließen mich durch.

Beklommen und mit Herzklopfen pochte ich an die Tür jenes Hauses in Philippsreut. Frau Hamberger, die Besitzerin, öffnete und ließ mich ein. Dann stand ich vor Franz, der sich gerade rasierte. Es war keine jauchzende, eher eine gedämpfte Wiedersehensfreude. Scheu, ja fast verlegen, gingen wir aufeinander zu. Beide versuchten wir zu tun, als lägen keine drei Jahre der Trennung zwischen uns, doch diese Zeit ließ sich nicht verleugnen, zu viel hatten wir inzwischen erlebt. Beide suchten wir nach Worten, um ein Gespräch zu beginnen.

Erschrocken nahm ich wahr, wie schlecht Franz aussah: Abgemagert, mit hohlen Wangen steckte er in einer alten, umgefärbten Uniform. Endlich setzten wir uns ins Wohnzimmer von Frau Hamberger. Stockend erzählte Franz von der Hungersnot in Köln. Seine Quartiersleute würden die ganze Nacht herumrumoren, um illegal Schnaps zu brennen. Den tauschten sie auf dem Schwarzmarkt gegen Essen. Als ich Franz ansah, dachte ich bei mir: kein Essen und kein Schlaf, genau so sieht er aus. Diese Unterkunft in Köln war nicht die richtige Umgebung für ihn, um sich von Krieg und Gefangenschaft zu erholen. Da ging es uns im Böhmerwald besser. Behutsam fragte ich ihn, ob er nicht mit mir kommen wolle, wir litten wenigstens nicht an Hunger.

»Glaubst du, das würde gehen?«, wollte er mit hoffnungsvollem Blick wissen. Ich nickte. »Wir werden es schaffen, irgendwie!«

Das große Problem war, ihn über die Grenze zu schmuggeln. Wie es dann weitergehen würde, wusste ich nicht. Aber darüber zerbrach ich mir in diesem Moment nicht den Kopf. Das einzige, was ich wollte, war, ihm zu helfen und mich nicht wieder von ihm trennen müssen.

In der Nacht kamen wir ohne Schwierigkeiten heimlich in die Tschechoslowakei, doch als wir in der Dunkelheit durch den Wald stapften, überfiel mich urplötzlich schreckliche Angst vor meinem eigenen Mut. Ich beschwor Franz, nicht zu sprechen, damit uns niemand hören könne. Wir Deutschen mussten zur Kennzeichnung eine Armbinde mit einem »N« tragen, was Nemec, Deutscher, bedeutete, so wie in Zeiten des Nationalsozialismus die Juden den Judenstern hatten tragen müssen. Eine solche Armbinde hatte Franz nicht. Nun zog auch noch ein heftiges Gewitter auf, die Nacht im Wald erschien mir bei Regen, Donner und Blitz noch gespenstischer und gefährlicher.

Nach Mitternacht waren wir endlich zu Hause angelangt. In unserem schönen Heim in Mährisch-Ostrau hatten wir uns seinerzeit voll Hoffnung auf die Zukunft verabschiedet, in dieser ärmlichen, schäbigen Dachbodenkammer fanden wir uns nun wieder, in einer unsicheren, für Franz gefährlichen Situation. Doch mussten wir nicht trotzdem dankbar sein, dass wir noch lebten und zusammen waren?

Franz beugte sich über Peters Bettchen. Es war die erste Begegnung mit seinem Sohn. Oma weckte Peter auf, fragte, auf Franz zeigend: »Wer ist denn das?«, und der kleine Peter antwortete schlaftrunken: »Papa!«

Lange genug hatten wir ihn auf diesen Moment, wenn sein Papa zurückkommen würde, vorbereitet, ihm immer wieder von Franz erzählt. Verstohlen wischte sich Franz seine Tränen aus den Augen, auch Mutter und ich weinten. Das war unser Wiedersehen.

Denke ich an all diese Ereignisse zurück, packt mich heute noch das blanke Entsetzen. Wie hatte ich es wagen können, Franz über die Grenze in die Tschechoslowakei zu schmuggeln? Das war strengstens verboten und hätte schlimmste Folgen für uns haben können. Doch er hatte mir so leidgetan, ich konnte und wollte ihn nicht seinem Schicksal überlassen, ihn nicht nach Köln zurückfahren lassen. Wie und wann hätten wir uns wiedergesehen?

Zu unserem Glück ging alles gut. Doch wenn ich mir ausmale, was alles hätte passieren können, läuft es mir noch heute kalt über den Rücken.

Man hätte Franz, einen Reichsdeutschen, der noch dazu als Soldat beim Einmarsch der deutschen Wehrmacht in die Tschechei dabei gewesen war, verhaften und an die Russen ausliefern können. Man bekam genug von Soldaten mit, die in den umliegenden Dörfern gefangen genommen und ausgeliefert wurden. Nie mehr hatte man von ihnen gehört. Nicht auszudenken, wenn es Franz auch so ergangen wäre. Mit diesem Schuldgefühl, ihn durch meine Tollkühnheit und meinen Leichtsinn den Russen ans Messer geliefert zu haben, hätte ich nicht leben können.

Ich hatte mich vorher bei einigen Gendarmen, die mir von der Gemeindeverwaltung her bekannt waren, erkundigt, ob ihm etwas passieren könnte. Sie hatten mir versichert, ich müsse keine Bedenken haben, es sei denn, er wäre bei der SS gewesen, Hitlers berüchtigter Schutzstaffel. Wenn das der Fall wäre, könnten sie für nichts garantieren.

Freilich hatte ich die Auskunft von älteren, besonnenen Gendarmen erhalten, die schon vor der deutschen Besatzung im Dienst gewesen waren. Die neuen Machthaber, die jungen, kommunistischen Fanatiker, hätten kaum Milde walten lassen. Auf jeden Fall war es ein großes Risiko gewesen, und ich bin heute noch voll Dankbarkeit, dass alles gut gegangen ist.

Es folgten schwere Monate. Wir hausten zu viert in den zwei kleinen Dachkammern. Franz hatte keine Arbeit und kam sich nutzlos und überflüssig vor. Dass ich eine befriedigende Beschäftigung hatte und damit den Lebensunterhalt der Familie bestritt, steigerte seine Minderwertigkeitskomplexe noch mehr. Denn so etwas konnte in früherer Zeit, als es noch eine strenge Rollenverteilung für Mann und Frau gab, ein Mann schlecht ertragen. Sein ehemals so sonniges Gemüt verdüsterte sich, sein frohes Lachen war nur noch selten zu hören.

In langen, durchwachten Nächten erzählte Franz mir flüsternd, um Mutter und Peter nicht zu wecken, von seiner amerikanischen Gefangenschaft. Ich kann mich nur noch vage an seine Schilderungen erinnern, denn er hat später nie mehr über Gefangenschaft oder Krieg gesprochen, so wie auch viele andere Soldaten nicht. Man wollte nach dem Krieg alles Schreckliche vergessen, sich ganz auf die Zukunft konzentrieren. Wie weit es den Einzelnen gelang, all das Grauen hinter sich zu lassen, weiß ich nicht.

Schließlich fand Franz in einem Sägewerk als Hilfsarbeiter eine Anstellung. Es war ein reines Entgegenkommen des tschechischen Verwalters, der den Betrieb vom enteigneten deutschen Besitzer übernommen hatte. Eine befriedigende Beschäftigung für Franz war es nicht, wenn er stundenlang Siebe zählen und von einem Platz an den anderen stapeln musste, aber sie brachte doch einen bescheidenen Stundenlohn ein.

»Ihr Mann ist mein Stellvertreter«, versuchte mich der Verwalter zu trösten – ich sah wohl recht bedrückt aus, als ich Franz einmal im Werk abholte. Aber diese Bemerkung entlockte mir nur ein trauriges Lächeln. Dabei war ich dankbar, dass Franz überhaupt eine Arbeit hatte, was allemal besser war, als tatenlos bei meiner Mutter und Peter in der Dachkammer zu sitzen.

Einmal drückte unser Hausherr – er war, mit den bescheidenen Maßstäben des Böhmerwaldes gemessen, der größte Bauer im Dorf – Franz eine Axt in die Hand und bat ihn, eine Ziege zu schlachten. Franz sah ihn entsetzt an. Noch nie hatte er eine Ziege geschlachtet, lediglich ab und zu ein Karnickel oder ein Huhn. Und das war doch wohl ein großer Unterschied. Der Hausherr aber ließ nicht locker. So gingen sie schließlich gemeinsam ans Werk. Mit gemischten Gefühlen sah ich Franz hinterher. Immerhin gab es nach der Schlachtung eine willkommene Fleischmahlzeit, das machte Franz dann doch stolz.

Wir werden ausgesiedelt

Nach und nach wurde von den Tschechen die Aussiedlung der Deutschen nach Deutschland vorbereitet. Wir wurden nach Alter, Beschäftigung und sonstigen Gesichtspunkten in verschiedene Kategorien eingeteilt, die nacheinander zur Abfahrt vorgesehen waren. Die Menschen hatten sich mehr oder weniger damit abgefunden. In geheimen, nächtlichen Grenzgängen hatten sie ihre Nähmaschinen und sonstige Habseligkeiten über die Grenze geschafft, denn jeder durfte bei der Ausweisung pro Kopf nur siebzig Kilogramm Gepäck mitnehmen. Wir brachten dieses zugelassene Gewicht nicht einmal auf, da wir alles zu Hause zurückgelassen hatten.

Die deutschstämmigen Böhmerwäldler, die nun aus ihrer seit Generationen angestammten Heimat vertrieben wurden, schenkten uns Geschirr und sonstigen Hausrat, den sie ohnehin zurücklassen mussten, da er das zulässige Gewicht überschritt. Trotzdem kamen wir bei weitem nicht an die erlaubten siebzig Kilogramm Gepäck pro Person heran.

Wir waren für den letzten Aussiedlungstransport vorgesehen, da man mich auf der Gemeinde noch zum Schreiben der Aussiedlungslisten brauchte. Als sich der erste Transport vor der Gemeindekanzlei sammelte und die alten Leute, die ihr Leben lang hier gelebt hatten, mit ihren Kindern und Kindeskindern weinend auf ihren Koffern, Kisten und Bündeln hockten, stand der tschechische Oberförster hinter dem Fenster und beobachtete diese traurige Szene. Dicke Tränen rannen über seine Wangen. Er hatte jeden Einzelnen gekannt, alle waren ihm treu ergeben gewesen. Er war ein guter Mensch und litt mit den Leuten, die ihre Heimat verloren.

Mit Beklommenheit sahen auch wir der Aussiedlung entgegen. Immerhin hatten wir uns inzwischen etwas eingelebt, erste zarte Wurzeln geschlagen, sogar einige Freunde gefunden und ich liebte die Arbeit in der Gemeindeverwaltung.

Die Fremde, die Ungewissheit und die Hungersnot, die in Deutschland herrschte, machten uns Angst und Bange. Insgeheim hofften wir bleiben zu dürfen, doch selbst die tschechische Großmutter in meinem Ahnenpass konnte uns nicht dazu verhelfen. Heute muss ich sagen, dass es zu unserem Glück war, auch wenn die nächsten Jahre hart werden sollten.

Nachdem die Ersten das Dorf verlassen hatten, stand das Vieh aufgegeben in den Ställen und brüllte, man hatte es nicht mitnehmen können. Die noch Verbliebenen kümmerten sich aber darum.

Auch wir bekamen eine Kuh in Kommission und schwammen nun in Milch, Butter und Käse. Ist es da ein Wunder, dass wir nicht von hier wegwollten? Meine Mutter pflegte die Kuh wie ein kostbares Haustier. Sie striegelte sie und kämmte ihr täglich den Schwanz. Die Waldlerbauern lachten darüber, doch meine Mutter hatte ihre Freude daran.

Wir mähten Gras und machten Heu, doch unsere Fracht auf dem klapprigen Ochsenkarren glich eher einem wilden Haufen als einer vorbildlichen viereckigen Fuhre. Dennoch thronte ich stolz wie eine Großbäuerin auf dem Heuberg, wenn wir ins Dorf einfuhren. Die Bauern grinsten und amüsierten sich über uns, aber auf nachsichtige Weise.

Das für uns drei so mühsame Heuen hätten wir uns sparen können, denn zum Überwintern im Böhmerwald kam es nicht mehr. Im Oktober 1946 mussten wir unsere kleine Dachbodenwohnung und unsere Kuh verlassen, unsere Siebensachen packen und zur Aussiedlung antreten. Bange fragten wir uns, wohin wir wohl gebracht werden würden.

Der Abschied von Oberförster Otec und den wenigen Freunden und Nachbarn, die wir kennengelernt hatten, viel uns schwer. Sie machten traurige Gesichter, manche hatten Tränen in den Augen, so wie wir, als wir losfuhren.

Zunächst kamen wir ins Lager nach Wallern. Von hier musste ich noch einmal zurück auf die Gemeinde, um die restlichen Arbeiten abzuschließen. Ein letztes Mal bot sich mir die Gelegenheit in unsere Wohnung hinaufzugehen. Oben angekommen, stand da noch eine Porzellanschüssel mit Käse, die ich mitnahm, denn die Verpflegung im Lager war dürftig.

Wehmütig betrachtete ich zum Abschied die nun verlassenen, ausgestorbenen Häuser des kleinen Dorfes, das uns über ein Jahr lang Heimat gewesen war und in dessen wechselnder Waldkulisse wir Frühling, Sommer, Herbst und Winter erlebt hatten. Leere Fenster gähnten mir überall entgegen. Traurig machte ich mich schweren Herzens auf den Weg in eine ungewisse Zukunft.

Es regnete unentwegt, das passte zu meiner trübseligen Stimmung. Die schwere Schüssel mit dem Käse schleppte ich die drei Kilometer bis zum Bahnhof. Mit meinen einfachen holzbesohlten Schuhen musste ich durch viele schlammige Pfützen laufen. Plötzlich löste sich eine der Holzsohlen und ich stand barfuß im Regen. Verzweifelt und erschöpft war mir nur noch nach Weinen zumute. Zu meinem Glück befand sich in der Nähe das kleine Anwesen eines Österreichers, der seiner Nationalität wegen nicht ausgesiedelt worden war. Dem erzählte ich jammernd von meinem Missgeschick. Er brachte mir gleich eine ganze Kollektion alter Gummigaloschen, von denen ich mir welche aussuchen durfte. Trockenen Fußes ging es damit dann weiter zum Bahnhof.

Nach Tagen im Lager in Wallern wurden wir in offene Güterwaggons verladen. Peter, seinen kleinen Rucksack und sein Nachttöpfchen auf den Rücken geschnallt, sah mitleiderregend aus. Meine Mutter hatte zu allem Überfluss eine fiebrige Angina und wurde auf dem Boden des Waggons auf Stroh gebettet. Wir hatten schon befürchtet, dass wir wegen ihrer Erkrankung nicht mit dem Transport mitkommen würden. Unter tschechischer Militärbewachung und wie Vieh in den Waggon gepfercht, traten wir die Reise ins Ungewisse an.

Unterwegs gab es gelegentlich eine kurze Pause, in der man uns alle aus dem Waggon trieb, um unsere Notdurft verrichten zu können. Wenn es jedoch jemand nicht mehr aushielt, erledigte er sein Geschäft auf einem Eimer in der Ecke des Waggons. Man kann sich vorstellen, wie es gestunken hat. Der Begriff Scham musste rigoros gestrichen werden. Wenn der Waggon anhielt, stiegen wir aus, rannten den Bahndamm hinunter, hockten uns möglichst hinter einen Busch, verrichteten das Notwendige und stiegen mühsam den Hang wieder hinauf zum Zug.

Dumpf und verzweifelt saßen wir im fahrenden Waggon mit dem einzigen Wunsch im Herzen, endlich irgendwo anzukommen, wo man Heimat und Geborgenheit finden und einen Neuanfang wagen konnte.

Wo würde sie sein, unsere neue Heimat?

Unerbittlich ratterte der Zug mit seiner gequälten Menschenfracht der Grenze entgegen, unser angestammtes Land immer weiter hinter uns lassend. Was würde uns die Zukunft bringen?

In Furth im Wald kamen wir über die Grenze, zunächst in ein Durchgangslager. Wir waren einer der unerwünschten Transporte, die sich in das ohnehin schon geschundene und aus tausend Wunden blutende Deutschland ergossen.

Die tschechischen Soldaten verschwanden, sie hatten ihre menschliche Fracht wie Vieh abgeliefert. Nun nahm uns die deutsche Bürokratie in die Mangel. Erst wurden wir registriert, dann sollten wir den Oberkörper freimachen. Aber wir waren inzwischen daran gewöhnt, jenseits von Menschenwürde behandelt zu werden. So defilierten wir Frauen, oben nackt, an einem Ärzteteam vorbei. Ich hatte

Peter auf dem Arm und versuchte so gut es ging, meine Blöße hinter ihm zu verstecken. Nach dieser Busenparade gab es Spritzen und Puder gegen Flöhe und Läuse. Dann ging die Reise mit dem Zug weiter, einem unbekannten Ziel entgegen.

Nachdem wir in den Ruinen der zerbombten Stadt Neumarkt in der Oberpfalz gelandet waren, teilte man uns weiter in Gruppen ein. Dabei achteten wir ängstlich darauf, uns nicht zu verlieren oder gar getrennt zu werden.

Mit dem Omnibus ging es dann bergauf nach Kastl bei Amberg. Eine alte Burg in luftiger Höhe empfing uns in ihren modrigen Mauern. Auf dem großen Dachboden war ein Flüchtlingslager eingerichtet worden. Der Raum war vollgestopft mit einstöckigen Doppelbetten. Das also war nun unser neues Zuhause.

Wir bezogen unsere Doppelbetten, Franz und ich oben, Oma und Peter unten. Zu meiner großen Erleichterung hatte sich meine Mutter trotz der Strapazen von der Angina erholt. Der Strohsack raschelte und stach, wenn man sich umdrehte. Nachts gab es um uns herum ein Schnarchkonzert, ab und zu von Kinderweinen oder von tiefen Seufzern derjenigen unterbrochen, die sich auf ihrem Strohlager wälzten und so wie ich nicht schlafen konnten. Mit vom Weinen geröteten Augen starrte ich in die Finsternis. Mir graute davor, was aus uns werden würde. Tagsüber saßen wir lethargisch auf unseren Strohsäcken und warteten, warteten, warteten. Worauf?

Eines Tages hatten wir dieses quälende Herumsitzen satt. Franz ergriff die Initiative.

»Wir müssen weg von hier, wir können nicht warten, bis wir irgendwohin verfrachtet werden, ohne zu wissen, wie wir dort leben sollen. Ich hasse es, Bittsteller zu sein!«

»Aber wohin, was sollen wir tun?«, fragte ich schluchzend.

»Wir kratzen unser letztes Geld zusammen und fahren nach Regensburg zur Regierung. Dort werde ich um Einstellung in den Schuldienst bitten.«

Mit seinem Dokument der ersten Lehramtsprüfung aus Dermott, wo er zu meinem großen Erstaunen ein Studium mit Prüfung absolvieren konnte, hoffte er, eine Stelle zu bekommen. Immerhin herrschte in Deutschland, das so viele Männer im Krieg verloren hatte, jetzt Lehrermangel.

So fuhren Franz und ich in aller Früh mit dem Zug nach Regensburg, voll Erwartung und Hoffnung. Der Regierungsschulrat für die Oberpfalz, bei dem Franz vorsprach, zeigte sich empört, dass Franz, als ehemaliger deutscher Offizier, es wagte, mit einer Anstellung zu rechnen. So hatten sich die Zeiten geändert. Noch vor Jahren hoch angesehen war er nun wegen seines Ranges und Kriegsdienstes verachtet.

Ich fragte mich erbost, wo denn dieser Regierungsschulrat während des Krieges gewesen war und was er in dieser Zeit gemacht hatte. Ein Widerstandskämpfer war er sicher nicht gewesen, das hätte er nicht überlebt, dachte ich mir. Wohl eher ein Mitläufer wie so viele, oder gar ein Bewunderer Hitlers?

Gedemütigt und verärgert standen wir auf dem Gang, als eine junge Frau an uns vorbeiging.

»Wen suchen Sie denn?«, fragte sie freundlich.

»Ich wollte fragen, ob ich in den Schuldienst übernommen werden könnte, aber der Regierungsrat, der für die Oberpfalz ...«

Weiter kam Franz nicht, denn die Frau zog eine Grimasse und nahm uns mit zu einer anderen Tür.

»Fragen Sie hier nach«, lächelte sie. »Das ist der Regierungsrat für Niederbayern. Er wird Ihnen sicher helfen.«

Franz klopfte entmutigt an die Tür. Dieser Beamte zeigte sich weitaus menschlicher. Er legte Franz nahe, gleich ein Gesuch einzureichen, doch das war leichter gesagt als getan.

Wir liefen durch die ganze Stadt um Papier, Feder und Tinte aufzutreiben. Ob sich das heute noch jemand der jüngeren Generation vorstellen kann, dass man einfach nichts hatte, nichts bekommen konnte?

Es dauerte lange, bis wir endlich eine Buchhandlung fanden, wo wir ein Blatt Papier, eine Schreibfeder und Tinte erhielten. Franz schrieb sogleich sein Gesuch, brachte es zur Regierung und erhielt daraufhin tatsächlich die Zusage für eine Lehrerstelle in Eichendorf – und das Schönste war, er konnte sie sofort antreten.

Wir waren überglücklich, begaben uns ins Lager zurück, packten, von den anderen beneidet, unsere wenigen Sachen und fuhren hoffnungsvoll nach Landau an der Isar, wo sich Franz beim Schulamt meldete. Der Schulrat, ein entgegenkommender, tief christlicher Mensch, besorgte uns ein Hotelzimmer, wo wir übernachteten. Nach langer Zeit lag ich wieder in einem Bett mit sauberem, duftendem Bettzeug und fühlte mich wie im Himmel.

Am nächsten Tag ging es dann voll aufgeregter Erwartung in das zwanzig Kilometer entfernte Eichendorf.

Eichendorf

Eichendorf! Schon der Name hatte für mich einen wunderschönen Klang. Ich dachte dabei an den großen Dichter gleichen Namens, stellte mir den Ort schön und idyllisch vor und erhoffte ein freundliches Schulhaus mit einer netten Wohnung, die schon auf uns wartete. Doch weit gefehlt, die Wirklichkeit sah anders aus.

Der Ort war zwar schön, doch das Schulhaus alt, finster und und feucht – von einer Wohnung keine Spur. Wir bekamen irgendwo ein unerfreuliches, kaltes Zimmer zugewiesen, niemand war da, der uns mit ein paar netten Worten empfangen hätte. Dabei wären wir in unserer verzweifelten Lage so dankbar für eine freundliche Geste gewesen.

Flüchtlinge und Vertriebene waren alles andere als willkommen, hatten die Menschen doch selbst kaum etwas zum Leben. Nun mussten auch noch Unmengen von Neuankömmlingen mitversorgt werden.

Man schätzt heute, dass mehr als drei Millionen Menschen aus den Ostgebieten in das ausgeblutete, an Hunger und Entbehrungen leidende Westdeutschland kamen, das im Krieg mehr unter dem Bombenhagel gelitten hatte als die Ostgebiete. Sie alle, die nichts mehr besaßen, waren auf der Suche nach einer Zuflucht.

Willkommen waren wir also nicht, und das bekamen wir oft genug zu spüren. Verächtlich sprach man zuweilen von »Rucksackdeutschen«, da viele nicht mehr als einen Rucksack und das Leben gerettet hatten. Man konnte oder wollte sich nicht vorstellen, dass auch wir in einer kultivierten Heimat und guten Verhältnissen gelebt und das alles verloren hatten.

Doch Franz hatte seinen Beruf und eine Anstellung, das war erst einmal die Hauptsache. Alles andere würde sich finden, redeten wir uns gut zu.

Der Markt Eichendorf gefiel mir gut. Nachdem wir viele Monate inmitten der bescheidenen Böhmerwaldhäuschen mit den winzigen Fensterchen gelebt hatten, fühlte ich mich zwischen den stattlichen Bürgerhäusern mit ihren großen Fenstern und den Kaufhäusern, auch wenn es nichts zu kaufen gab, fast wie in einer Großstadt.

Der November kam, Nebel wälzten sich über der Vils, dem Fluss, an dem wir wohnten. Es wurde nass und kalt. Zu viert hausten wir in unserem Zimmer, enger noch als im Böhmerwald. Es gab nichts zu essen, kein Holz und keine Kohlen, um zu heizen. Ständig war einer von uns krank, der kleine Peter fieberte und hustete. Alles um uns herum war fremd. Manchmal taten wir uns schwer, den Dialekt der Einheimischen zu verstehen.

Die Rationen auf den Lebensmittelkarten waren sehr karg bemessen, das Holz, das wir aus dem Wald holten, war feucht, der Ofen rauchte die Stube voll. Ständig war das Ofenrohr vom vielen Ruß verstopft und musste geputzt werden, was eine mühevolle und schmutzige Arbeit war.

Das Kloster Marienheim

Mit Grauen erinnere ich mich an die rußgeschwärzten Töpfe, denn um Holz zu sparen, kochten wir auf offener Flamme. Dabei lief die dicke Knödelbrühe unserer rohen Kartoffelknödel – meine Mutter und ich hatten Kartoffeln bei den Bauern erbettelt – oft über den Topfrand und überschwemmte den Herd, der wackelig auf seinen verrosteten Beinen stand und jeden Moment einzustürzen drohte. Fast sehnte ich mich nach unseren zwei Dachbodenkammern im Böhmerwald zurück.

Es dauerte eine geraume Zeit, bis wir endlich eine Wohnung im gegenüberliegenden Kloster Marienheim bekamen. Hier gefiel es uns schon viel besser. Das Haus, freundlich und gepflegt, wurde von fünf

Mallersdorfer Schwestern bewohnt. Neben der alten Frau Oberin gab es eine Krankenschwester, die die Kranken im Ort pflegte, eine Nähschwester, die im Haus eine Nähschule betrieb, eine Kinderschwester, die den kleinen Kindergarten leitete, und eine Küchenschwester.

Wir waren, wie damals allgemein üblich, zwangseingewiesen worden und stießen anfangs auf Ablehnung. Man ließ uns spüren, dass wir das Klosterleben störten. Die Schwestern wiederum hatten Bedenken, was für Leute ihnen da ins Haus gekommen waren. So hatten wir beide Angst voreinander.

Aber es ging alles gut. Wir benahmen uns ordentlich, die Schwestern gewöhnten sich an uns, und alle waren zufrieden. Sogar der männliche Duft, der gelegentlich durchs Haus zog, wenn Franz seine geliebte Pfeife rauchte, wurde akzeptiert.

Wir bekamen eine kleine Küche vorne und ein Schlafzimmer hinten an einem langen Gang zugeteilt, beides bescheiden, doch ausreichend möbliert. Unsere Ansprüche waren inzwischen auf ein Minimum reduziert.

Das große Los hatte Peter gezogen. Er durfte in den Kindergarten gehen und wich der Kinderschwester nicht von der Seite. Waren die Spielstunden aus und die Kinder nach Hause gegangen, half er ihr noch Stunden beim Aufräumen und äußerte mit großer Überzeugung, dass sie die Arbeit ohne seine Hilfe nie schaffen würde.

Schwester Fidelia, wie sie hieß, war ein fröhliches, lachendes, immer vor sich hin summendes und singendes Wesen. Wir konnten es Jahre später nicht fassen, als wir erfuhren, dass sie, fünfzigjährig, ihrem Leben in geistiger Umnachtung ein Ende gesetzt hatte. Was für ein trauriges Schicksal!

Am Sonntagmorgen gingen alle erwachsenen Hausbewohner in die Frühmesse. Peter schlief da immer noch tief und fest. Doch als wir einmal aus der Kirche kamen, hörten wir schon von Weitem ein klägliches Weinen. Peter stand in seinem Nachthemdchen mitten im Hof, ein Bild des Jammers. Während unserer Abwesenheit war er aufgewacht und vor lauter Angst aus dem Fenster geklettert. Von da an ließen wir ihn nie wieder allein.

Hunger war unser steter Gast, denn von den Lebensmittelzuteilungen konnte man nicht satt werden. Wohl hätte es manches auf dem schwarzen Markt zu kaufen gegeben, aber wir hatten kein Geld. Gelegentlich schenkten uns die Schwestern einige Rohrnudeln oder einen Teller mit Sauerkraut aus dem Fass. Wir waren für alles dankbar.

Unsere trockenen Brotscheiben wurden abgezählt, es gab eine Scheibe pro Kopf, keinen Bissen mehr, auch wenn der Magen noch so knurrte.

Manchmal zog meine Mutter mit dem Rucksack übers Land und erbettelte mal hier ein Ei, mal dort einen Löffel Fett oder ein paar Kartoffeln. An manche Tür freilich klopfte sie vergebens, erntete böse Worte oder man hetzte gar den Hofhund auf sie. Oft kam sie müde und deprimiert ohne Beute nach Hause.

Wir waren nicht die Einzigen, die bei den Bauern bettelten, es waren schlicht zu viele, die auf diese Weise versuchten, ihren Hunger zu lindern.

Sonderzuteilungen waren kleine Lichtblicke, selbst wenn man für ein paar Gramm Fett oder Fleisch stundenlang Schlange stehen musste.

Freitags gab es gelegentlich eine dünne Wurstbrühe in der Metzgerei, seltener und umso begehrter eine Scheibe Blutwurst ohne Marken, die zusammen mit Kartoffeln gekocht ein Festessen ergab.

Besonders unangenehm war meiner Mutter und mir der Bettelgang in die Mühle. Der Müller war nämlich ein finster dreinblickender Mann, der einen stets eine geraume Weile unbeachtet in der Ecke stehen ließ. Plötzlich stapfte er auf einen zu und riss einem wortlos das Mehlsäckchen aus der Hand, um es grimmig mit Roggenmehl zu füllen. Hastig bezahlte man ein paar Groschen, wenn man welche hatte, und lief so schnell wie möglich davon. Aber auch wenn er meistens brummig war, so hatte er doch ein gutes Herz, denn er schickte nie jemanden ohne etwas Mehl weg, selbst wenn man nichts bezahlen konnte.

Nach einiger Zeit mieteten wir uns ein Stück Feld an der Vils, wo wir Gemüse und Kartoffeln pflanzten. Franz durfte im Gartenhäuschen des Klosters sogar Hasen züchten. So ging es in winzigen Schrittchen voran.

In der Schule und mit seinen Kollegen war Franz zufrieden. Er übernahm den Vorsitz beim Roten Kreuz und der männlichen Pfarrjugend, studierte Theaterstücke ein und organisierte Wohltätigkeitsveranstaltungen. Daneben bereitete er sich intensiv auf seine zweite Lehramtsprüfung vor. Da es keine Lehrmittel gab, schrieb ich entliehene Bücher für ihn mit der Hand ab.

Dann kam der große Tag. Wir marschierten zum Bahnhof, Franz in seinem einzigen guten Anzug, mit einem Koffer anstelle einer Aktentasche in der Hand und der Prüfungsangst im Nacken.

So vieles stand für uns auf dem Spiel, unsere ganze Zukunft hing vom Bestehen seiner Prüfung ab, denn ohne die zweite Lehramtsprüfung würde er keine weitere Anstellung bekommen.

Als er abends zurückkam, lief ich ihm erwartungsvoll entgegen. Strahlend nickte er, er hatte es geschafft. Was waren wir glücklich und voller Hoffnungen auf eine bessere Zukunft. Wieder waren wir einen Schritt weiter.

In Sicherheit, Eichendorf 1949

Franz' monatliches Gehalt war freilich alles andere als üppig. 170 Mark bekam er, davon mussten wir alle leben.

Wir begannen, unsere Einkünfte durch Englischstunden für zwei Mark aufzubessern und hatten viel Zulauf. Bisweilen herrschte sogar ein regelrechter Lehrbetrieb bei uns.

Dennoch reichte das Geld gerade für die notwendigsten Bedürfnisse, doch es gab ohnehin nichts zu kaufen. Die Situation war so trostlos, dass ich überzeugt davon war, nie mehr in meinem Leben ein neues Kleid oder einen neuen Mantel zu bekommen. Dabei hätte ich doch so gern etwas Schönes zum Anziehen gehabt, nicht nur meine abgetragenen und geflickten Sachen. War ich doch eine junge Frau von erst 24 Jahren!

Die Anstellung im Büro eines Gutsbetriebes, wo ich neben dem Gehalt täglich begehrte Naturalien in Form eines halben Liters Milch oder einigen Kartoffeln erhielt, war nur ein kurzes Gastspiel. Ich wurde angezeigt und musste die Stelle wegen »Doppelverdienertums« aufgeben, da Franz eine Anstellung hatte. Neid und Missgunst gab es auch hier. Doch ich wollte unbedingt mitverdienen, denn das Gehalt von Franz reichte in keinster Weise, um uns vier einigermaßen gut zu ernähren.

Ich erfuhr, dass eine Seifenfabrik in Aufhausen, zehn Kilometer von Eichendorf entfernt, eine Kraft mit Kenntnissen in der tschechischen Sprache suchte. Diese Chance wollte ich mir nicht entgehen lassen, da mein Tschechisch durch meine Jugendzeit in Ostrau perfekt war.

Hoffnungsvoll fuhr ich hin und hielt nach Schloten einer Fabrik Ausschau, fand aber keine. Bei Nachfragen sagte man mir, dass die Firma im Hinterhof eines Wirtshauses ansässig sei.

Man muss sich vieles in der damaligen Zeit gänzlich anders vorstellen, als es heute ist. Viele Betriebe waren ausgebombt und versuchten, in provisorischen Gebäuden einen Neuanfang zu starten.

Über eine Treppe in einem dunklen Nebengebäude stolperte ich ins Büro. Die »Fabrik« bestand aus einer Scheune, in der Säcke mit Schlämmkreide lagerten. »Für die Zahnpasta-Herstellung«, sagte der Chef.

Es war äußerst merkwürdig, denn weit und breit gab es keine Maschine, die Zahnpaste herstellen könnte. Ich wurde sofort eingestellt, entdeckte aber bald, dass es sich bei der »Fabrik« um eine Schwindelfirma handelte, oder, anders ausgedrückt, um einen Scheinbetrieb.

Der »Chef«, wie ich ihn anzureden hatte, sah schon vom Äußeren her wie ein Hochstapler aus und hätte in jedem Mafiafilm mitspielen können. Er hatte gegelte, zurückgekämmte Haare, eine Hornbrille und einen langen, schwarzen Ledermantel. Wenn der »Herr Fabrikant« mit seiner schweinsledernen Aktentasche durch den Ort marschierte, reckte er seine Schultern bis zu den Ohren hoch. Ein junges, schwäbelndes Mädchen, das ihr ganzes ererbtes Vermögen in ihn investiert hatte, war seine Lebensgefährtin. Armes, dummes Ding!

Ich tippte den ganzen Tag Briefe und trug sie abends stoßweise zur Post. Neben mir arbeitete eine zweite Angestellte, die dieselbe Schreibarbeit verrichtete. Wir wechselten uns mit den Dienststunden ab.

Wozu die ganze Schreiberei gut sein sollte, konnte ich anfangs nicht ergründen. Viel Lärm um nichts, könnte man sagen, denn es handelte sich bei den Angeboten um Gegenstände, die nicht zu kaufen waren, wie beispielsweise ein elektrisches Bügeleisen. Diese »Produkte« wurden in westdeutschen Zeitungen angeboten, jeder einzelne Interessent wurde gefragt, was er im Tauschweg zu bieten habe. Darum drehte sich der gesamte Schriftverkehr. Weder bekam ich eines der angebotenen Objekte zu Gesicht, noch erlebte ich einen Geschäftsabschluss.

Allmählich wurde ich der sinnlosen Schreiberei müde, doch die Bezahlung war nicht schlecht. So musste ich ausharren, denn auf das Geld, das wir dringend benötigten, kam es mir schließlich an.

Der Chef hatte auch ein Lager mit Socken und Strümpfen. Woher er die hatte, weiß ich nicht. Einmal, im Winter, drückte er mir zwei Paar Herrensocken in die Hand und schickte mich nach Landau an der Isar zum Landratsamt. Er trug mir auf, die Socken demonstrativ auf den Schreibtisch des Landrats zu legen und zu behaupten, mein Chef müsse den Betrieb schließen und alle Arbeiter nach Hause schicken, wenn er keinen Bezugschein für Kohle bekäme.

Dieser Auftrag war mir schrecklich peinlich, es gab ja keine Arbeiter. Doch der Herr Fabrikant lachte mich aus, als ich zögerte. Also tat ich, wie mir geheißen, bekam tatsächlich den Bezugschein und, als Belohnung vom Chef, sogar noch Strümpfe für Peter.

Die Arbeit in der Fabrik wurde mir immer unangenehmer, und als der Chef mich für irgendwelche dunklen Machenschaften sogar an die tschechische Grenze schicken wollte, weigerte ich mich strikt.

Auch seiner Mutter schwindelte er am Telefon einen großen Betrieb vor, indem er ihr seufzend erzählte, er säße mitten im Lärm etlicher Schreibmaschinen tippender Sekretärinnen. Lügen, nichts als Lügen gab er von sich. Er wurde mir mehr und mehr zuwider.

Eines Tages fiel ihm ein, die Schlämmkreide könne feucht werden, und er verlangte mit spöttischem Grinsen von mir, sie in andere Säcke umzuschaufeln. Ich musste die elende Arbeit tun, es blieb mir nichts anderes übrig. Danach waren meine Haare und das beste meiner ohnehin wenigen Kleider über und über mit der weißen Schlämmkreide überstäubt. Schluchzend kam ich abends heim. Da bestimmte Franz energisch, dass ich nicht mehr dorthin gehen solle. So endete meine Karriere in einem Betrieb, der keiner war.

Solcherart Betriebe gab es zu jener Zeit nicht wenige. In der bitterarmen Nachkriegszeit versuchte jeder, irgendwie zu überleben. Doch mit solchen Machenschaften und Betrug wollte ich trotz unserer Bedürftigkeit nichts zu tun haben.

Es kam das Jahr 1948. Außer winzigen Verbesserungen waren wir um keinen Schritt weitergekommen. Immer noch gab es Lebensmittelkarten, immer noch herrschten Hunger und Not. Immer noch mussten wir unsere Brotscheiben abzählen, morgens unsere farbenfroh gefärbten Suppen aus Vanille-, Erdbeer- oder Himbeerpudding löffeln, in Wasser oder Magermilch gekocht. Immer noch waren die Schaufenster leer, es gab buchstäblich nichts zu kaufen.

Es hatte sich wirtschaftlich so gut wie nichts in unserem Leben verändert, niemand wagte, auf eine Verbesserung dieser trostlosen Lage zu hoffen. Und dennoch bahnte sie sich an. Sie kam auf leisen Sohlen, gleichsam über Nacht. Im Sommer 1948 war sie überraschend da: die Währungsreform.

Es war die Geburtsstunde der Deutschen Mark, damit war die alte Reichsmark ungültig geworden. Für jeden gab es ein Kopfgeld von vierzig Mark, und – welch Erstaunen – plötzlich war vieles wieder zu haben, was es seit Jahren nicht mehr gegeben hatte.

Die Läden, deren Regale am Tag zuvor noch gähnend leer gewesen waren, quollen schier über von Waren. Wo waren diese gehortet worden?

Noch am gleichen Tag bot der Bäcker frisch gebackene Semmeln ohne Lebensmittelmarken an. Es war nicht zu fassen!

Freilich konnten wir von den reichhaltigen Angeboten kaum Gebrauch machen, da wir kein Geld hatten und mit unserem »Kopfgeld« sparsam haushalten mussten. Das Gehalt von Franz kletterte zwar nach und nach auf 240 Mark und meine mittellose Mutter bekam zehn Mark Fürsorge, doch das war herzlich wenig. Wir konnten viele Jahre lang nie etwas ansparen, da wir nichts hatten und alles neu kaufen mussten.

Nach und nach leisteten wir uns einige Anschaffungen wie ein Radio oder sogar einen neuen Herd. Wir waren stolz wie die Könige, doch alles musste in Monatsraten mühselig abgestottert werden. Auch ein Ferkel hielt Einzug im klösterlichen Stall und wurde mit Abfällen gefüttert. Wir freuten uns auf das winterliche Schlachtfest. Endlich genug zu essen!

Eines Nachts klopfte jemand an unser Schlafzimmerfenster. Wer konnte das sein? Ich hielt ängstlich den Atem an, doch Franz ging mutig zum Fenster und öffnete es einen Spalt.

Draußen stand ein mir unbekannter Onkel von Franz, der erst jetzt aus englischer Kriegsgefangenschaft entlassen worden war und nicht mehr in seine oberschlesische Heimat zurückkehren konnte. Auch er hatte uns durch den Suchdienst des Roten Kreuzes, bei dem wir gemeldet waren, gefunden.

Er war verzweifelt, wo sollte er hin? So blieb er vorerst einige Wochen bei uns, und wir teilten so lange das Wenige mit ihm, bis er Arbeit fand. Er verdingte sich dann als Knecht bei einem Bauern in der Nähe von Eichendorf.

Erst einige Jahre später konnte er Frau und Kinder aus dem nun polnischen Oberschlesien zu sich holen. Aber sie hatten große Schwierigkeiten, sich zu integrieren und konnten nur schlecht Fuß fassen. Einer der Söhne nahm sich sogar aus Verzweiflung das Leben. Solche traurigen Schicksale gab es zuhauf in dieser Zeit.

Inzwischen war Peter vier Jahre alt geworden und wir hielten es an der Zeit, trotz unserer immer noch prekären Lage für ein Schwesterchen für ihn zu sorgen. Der Altersabstand zwischen unseren Kindern sollte nicht allzu groß sein.

Wir hatten für den Nachwuchs an das Frühjahr gedacht, da mir der Sommer für die ersten Lebensmonate günstig erschien. Doch nicht alles lässt sich so steuern, wie man es möchte. So wurde unsere kleine Eva erst am 28. Dezember 1948 geboren. Lange grollte sie als Kind über dieses ungünstige Geburtsdatum, da die Geschenke durch das vorhergegangene Weihnachten sparsam ausfielen.

Leider konnten wir diesem frohen Ereignis nicht in Ruhe entgegensehen, denn zwei Monate vor Evas Geburt wurde Franz zu unserem Entsetzen in Eichendorf als Lehrer abberufen und in das kleine, vierzig Kilometer entfernte Dorf Hirschhorn versetzt.

Wir protestierten und wehrten uns mit Händen und Füßen, denn wir wollten Eichendorf nicht verlassen. Immerhin wohnten wir inzwischen fast drei Jahre dort, hatten Leute kennengelernt und mit den Ordensschwestern in gutem Einvernehmen gelebt. Franz hatte sich an der Schule wie auch in verschiedenen Vereinen Anerkennung und Respekt erarbeitet. So hatten wir nach den Jahren der Flucht und Vertreibung erste Wurzeln schlagen können.

Doch unsere Proteste und Eingaben nutzten nichts. Nach einer Verordnung des damaligen Kultusministers Hundhammer, der sich gern besonders sittenstreng gab, sollten Buben und Mädchen getrennt unterrichtet werden. Eine Lehrerin musste deshalb nach Eichendorf zu einer Mädchenklasse kommen und ein Lehrer dafür an eine andere

Schule gehen. Da Franz der Jüngste war, musste er die Stelle wechseln.

Wir wollten den neuen Arbeitsort in Augenschein nehmen. Ein junger Mann aus Eichendorf fuhr uns deshalb freundlicherweise nach Hirschhorn, das im niederbayerischen Rottal lag, nicht weit entfernt von Eggenfelden. Obwohl ich in meinem noch jungen Leben schon viele Enttäuschungen hatte hinnehmen müssen, hatte ich mir meine Illusionen und Träume bewahrt. So kamen wir voller Erwartung in Hirschhorn an.

Es war ein kleines, ländliches Dorf mit wenigen Hundert Einwohnern und überwiegend landwirtschaftlichen Gebäuden. Eine Kirche mit einem spitzen Turm sah ich, daneben ein Wirtshaus, wie es sich für ein bayrisches Dorf gehört, und einen Krämerladen, das war alles auf den ersten Blick.

Da es geheißen hatte, unter Hitler sei so viel für Bildung und Schulen getan worden, hielten wir nach dem schönsten Haus in dem kleinen Hirschhorn Ausschau. Bei Nachfragen sagte man uns, die Schule sei oben auf dem Berg. Also marschierten wir dort hinauf.

Das Lehrerwohnhaus, das wir dicht neben dem damals noch schäbigen Schulgebäude fanden, war wohl das am meisten verwahrloste Haus, das ich je gesehen hatte: olivgrüne Mauern, bei denen an vielen Stellen der Putz bis auf die Ziegel abgebröckelt war, und an den Fenstern verrostete Eisengitter wie bei einem Gefängnis. Zerbrochene Fensterläden hingen schief in den Angeln. Das ganze Gebäude wirkte wie eine Ruine.

Innen sah es nicht viel besser aus. Feuchte Wände, abgebröckelter Putz, abgerissene Wandverkleidungen, herabhängende Lichtleitungen. Ich war geschockt. Uns war klar, dass wir hier nicht wohnen konnten. Der Vorgänger von Franz hatte es gerade mal sechs Wochen ausgehalten, dann war er ausgezogen. Dass uns gesagt wurde, durchziehende Soldaten und Flüchtlinge hätten das Haus so heruntergewirtschaftet, konnte uns weder Trost noch Hilfe sein.

Unsagbar enttäuscht fuhren wir nach Eichendorf zurück. Bei der eindringlichen Rücksprache mit dem Schulrat erfuhren wir, dass es keinen anderen Ausweg gab, als nach Hirschhorn zu wechseln, wenn Franz nicht als Wanderlehrer täglich durch den Landkreis an eine jeweils andere Schule radeln wollte. Wir mussten also in den sauren Apfel beißen.

Das Lehrerwohnhaus rechts neben der Kirche auf einer Anhöhe

Das geplante Schlachtfest unseres inzwischen runden und fetten Schweines fiel aus, wir mussten das Tier verkaufen.

Von den Klosterfrauen bekamen wir ein paar alte Möbelstücke geschenkt, und ein Kollege von Franz lieh uns ein altes Bett mit Matratze, damit wenigstens ich in meinem hochschwangeren Zustand ein Nachtlager hätte.

So zogen wir von Eichendorf weg in das ungeliebte Hirschhorn.

Hirschhorn, unsere neue Heimat

Am l. November 1949 zogen wir bei eisiger Kälte in das Lehrerwohnhaus in Hirschhorn ein. Kurz vor uns hatte sich der Schulleiter eingemietet, so mussten wir an Wohnräumen nehmen, was übrig war. Unsere »Wohnung« bestand aus zwei einzelnen auseinanderliegenden Räumen unten und einem Schlafraum im ersten Stock, den vorher eine Lehrerin mit Mutter, Schwester und Sohn bewohnt hatte.

Die Zustände im Haus waren verheerend. Es gab kein fließendes Wasser und jeder Tropfen musste vom Brunnen draußen ins Haus und wieder hinaus-

Hirschhorn, unsere neue Heimat

getragen werden, weil es in der Wohnung nicht einmal einen Ausguss gab. Die Mäuse huschten vergnügt hin und her, und am Morgen wagte sich keiner als Erster aufs Klo, da langbeschwanzte, fette Würmer in dichten Trauben in der Kloschüssel hingen.

Wenn ich nachts aufstand und aus dem Fenster sah, blickte ich auf den Friedhof, der direkt neben dem Haus lag. Die weißen Grabsteine schimmerten im Mondlicht, sodass es mich gruselte. Noch nie war ich einem Friedhof so nah gewesen, er war mir unheimlich.

Uns wurde immer klarer, dass wir hier unmöglich bleiben konnten, höchstens einige, wenige Wochen, bis wir etwas anderes gefunden hätten. Das redeten wir uns ein, um uns Mut zu machen. Wie konnte ich ahnen, dass aus den geplanten, wenigen Wochen viele Jahrzehnte, ja unser ganzes weiteres Leben würde.

Nun standen wir da, in unseren leeren, schäbigen Räumen, und brauchten dringend Möbel, hatten aber kein Geld – und das unmittelbar vor der Geburt unseres zweiten Kindes. Das hatten wir uns gänzlich anders vorgestellt.

Ein Sparkassendarlehen wurde abgelehnt, wir konnten ja kein Gold, keine Teppiche oder andere Wertsachen als Sicherheit anbieten. So fuhr Franz ohne Geld nach München, kaufte Schlafzimmer- und Küchenmöbel, die wir auf Raten abstottern mussten. Da die Lieferzeit einige Wochen betrug, mussten wir vorerst ohne Möbel auskommen.

Ich lag nachts auf meiner Kastenmatratze, Franz, meine Mutter und Peter machten es sich auf dem

Boden bequem. Das beschämte mich sehr, aber meine Mutter und Franz bestanden darauf, dass ich das einzige Bett bekommen sollte.

Tagsüber malten wir hier, pinselten dort und versuchten zu verschönern, was nur irgendwie zu verschönern war. Meine Mutter bestrich das Schlafzimmer mit rosa Farbe und ich, schwankend auf dem Tisch stehend, zog mit dem Lineal blaue Striche als Abschluss, was damals als schön galt. Ideen hatten wir schon, aber zu wenig Geld.

Endlich wurden die Matratzen angeliefert. Meine Mutter und ich marschierten mit dem Handwagen die sechs Kilometer nach Eggenfelden zum Bahnhof und zogen die Matratzen heim.

Nach und nach kamen die übrigen Möbel, wir freuten uns an jedem neuen Stück und waren glücklich, als es endlich wohnlicher wurde. Doch immer noch mangelte es an allen Ecken und Enden.

Eva

Gleich nach Weihnachten kam unsere Tochter zur Welt. Eine Krankenhausentbindung wie bei Peter war von der Krankenkasse abgelehnt worden, da bei der Geburt keine Komplikationen zu erwarten seien. So spielte sich die Geburt zu Hause ab. Ich war froh, dass ich bereits Erfahrung durch Peters Entbindung hatte und meine Mutter bei mir war.

Doch so einfach, wie gedacht, verlief die Entbindung dann doch nicht, und es musste ein Arzt hinzugezogen werden.

Meine Mutter holte am späten Abend Franz, der im Rorate-Amt war, aus der Kirche. Bei Dunkelheit und in tiefem Schnee rannte er ins Dorf hinunter, stürzte in der Eile in einen Graben, rappelte sich wieder hoch und erreichte endlich das Haus der Posthalterin. Stürmisch klingelte er die alte Frau aus dem Schlaf. Es dauerte eine geraume Weile, bis er der Schwerhörigen klarmachen konnte, dass sie dringend den Arzt in Eggenfelden anrufen müsse. Dieser war dann erstaunlich schnell da und machte bei mir einen Dammschnitt auf dem Küchentisch. Während der Narkose, gegen die ich mich zunächst heftig gewehrt hatte, schwebte ich herrlich leicht über goldene Weizenfelder. War das schön!

Endlich, um sieben Uhr früh, tat das Kind seinen ersten Schrei und ich konnte meine kleine, braunäugige Tochter mit der winzigen Kirschennase in die Arme nehmen. Wir nannten die Kleine, wie schon seit Jahren geplant, Eva.

Es war für uns alle ein Freudentag, doch konnten wir das glückliche Ereignis nicht gebührend feiern, weil zum Monatsende die Kasse wie immer leer war. Mit Ach und Krach kratzten wir eine Mark und vierzig Pfennig zusammen und ich bekam ein Schnitzel als Belohnung für die Strapazen der Geburt. Die anderen mussten zuschauen. Nur für Peter war ein kleines Stückchen übrig.

Franz war überglücklich über sein Töchterlein, das frisch gebadet in einem mit rosa Volants verkleideten Korb lag. Oft stand er davor und genoss den Anblick dieses winzigen Wesens. Diese Freude war ihm bei Peter versagt geblieben.

Zur bevorstehenden Taufe wollten wir Klein-Evchen fein herausputzen. Ein langer, weißer Rüschenunterrock musste als Taufkleidchen dienen. In den steckten wir das Baby samt Wickelkissen, und ich nähte den Rock am Hals zu. Stolz schritten wir zur Taufe, der weite, weiße Glockenrock wippte bei jedem Schritt schwungvoll mit. In der Kirche angekommen verlangte der Pfarrer, dem auf dem Altar liegenden Kind den Rücken frei zu machen, um ihn mit Chrisam, dem heiligen Öl, zu bestreichen. Ich stand verlegen da, weil ich nicht damit gerechnet hatte, das Kind, das in das Kleidchen eingenäht war, ausziehen zu müssen. Bei Peter war das ganz anders gewesen.

Aufgeregt begann ich, an Evas Taufkleid herumzunesteln, doch da ich sie aus ihrer »Verpackung«

nicht herausbekommen konnte, ergriff ich sie in höchster Aufregung an ihren Schultern, zog und zerrte, bis ich das wegen dieser ungewohnten Grobheit schreiende Kind freigemacht hatte.

Der Pfarrer hüstelte schon ungeduldig, doch schließlich konnte er zur Tat schreiten und das Kind ordnungsgemäß, getreu den katholischen Riten, taufen.

Es dauerte nicht lange, da begann Eva Schwierigkeiten zu machen. Kaum war eine Flasche ausgetrunken, kam der Inhalt im hohen Bogen wieder. Das bedeutete, dass das Kind oft aus- und angezogen und draußen am kalten Brunnen gewaschen werden musste. Wenn ich da manches Mal erschöpft war und innerlich stöhnte, dachte ich an die Zeit der Flucht mit dem Baby Peter. Wie schwer war es doch damals gewesen, das Kind in einigermaßen saubere Windeln zu wickeln, und wie oft hatte er stundenlang in seinen nassen, verschmutzten Tüchern liegen müssen, bis wir endlich einen sicheren Platz zum Wickeln fanden oder einen Bach zum Windelnwaschen.

Ich erinnerte mich an eine Situation, als meine und ich auf der Suche nach einem Schlafplatz für die Nacht durch einen Wald gingen. Den Kinderwagen mussten wir oft über Baumwurzeln heben, doch im Wald war es sicherer als draußen auf dem offenen Gelände. Unter den Bäumen war es schattig und dunkel, bisweilen sahen wir die Sonne durch die Baumkronen funkeln.

»Wollen wir nicht doch ein bisschen draußen gehen«, meinte ich zu meiner Mutter. »Das Wetter ist so schön!«

Sie stimmte zu, und so trugen wir den Kinderwagen an den Waldrand. Draußen war herrlicher Sonnenschein, das Grün der Wiesen leuchtete uns satt entgegen.

»Schau mal, Sonja, da ist ein Bach«, rief meine Mutter. »Da könnten wir die Windeln waschen und Peter inzwischen in die Sonne legen.«

Gesagt, getan! Es war herrlich, ein bisschen im Bach zu waten und dabei die Windeln hin und her zu schwenken, während Peter jauchzend auf der Wiese lag. Eine Idylle, die wir genossen.

Plötzlich hörten wir das Dröhnen von Flugzeugen und erstarrten vor Schreck. Es waren immer wieder Tiefflieger unterwegs, die vom Himmel herabstießen und auf Menschen zielten, oft mitten in Flüchtlingstrecks hinein.

Voller Panik klemmte ich mir den nackten, strampelnden Peter unter den Arm und wir rannten so schnell wir konnten zum Waldrand. Von dort konnten wir in relativer Sicherheit beobachten, dass die Flugzeuge wieder nach oben zogen, in großer Höhe weiterflogen und alsbald abdrehten. Wir atmeten auf. Glück gehabt!

Einige Zeit warteten wir ab, ob noch weitere Flugzeuge kämen, denn oft flogen sie im Verbund. Doch es waren die einzigen gewesen.

Wir rannten zurück zum Bach, sammelten in Windeseile unsere Sachen ein und flüchteten zurück in den Wald.

Da hatte ich es in Hirschhorn doch besser, sagte ich mir. Auch wenn das Waschen am Brunnen im eiskalten Wasser alles andere als angenehm war.

Evchens Spuckerei hielt mehrere Wochen lang an. Natürlich nahm sie dadurch auch nicht zu. Dünn, traurig und leidend schaute sie in die Welt und war bei Weitem kein so fröhliches Baby, wie Peter es trotz aller damaligen Schwierigkeiten gewesen war. Wir machten uns große Sorgen um sie, aber eine alte Frau aus dem Dorf, die ich zu Rate zog, meinte nur trocken: »Speiber sind Bleiber«, und so ertrugen wir die Spuckerei mit Geduld.

Nach etwa einem halben Jahr ging es mit Eva bergauf, sie nahm zu und auch ihre Stimmung hellte sich merklich auf. Kaum wuchsen ihr die ersten spärlichen Haare, band ich ihr stolz eine Schleife auf den Kopf.

Peter war sehr verliebt in sein kleines Schwesterchen und dankte dem lieben Gott allabendlich beim Nachtgebet dafür.

Oma, die mit Eva im Zimmer schlief, flüchtete eines Nachts mit dem Baby in die Küche, weil die Mäuse allzu munter im Zimmer hin und her liefen. Sie befürchtete nämlich, dass die flinken Tierchen dem Kind in den Mund kriechen könnten.

Wir versuchten, die Mäuse zu vertreiben und stopften Glasscherben von den zerborstenen Fenstern, die hinten im Garten zwischen dem Unkraut gestapelt lagen, in die Fußbodenritzen. Doch alle Anstrengungen waren vergeblich. Wer einmal mit Mäusen zu tun hatte, weiß, wie schlau diese kleinen Nager sind.

Peter gefiel es in Hirschhorn sehr gut. Er schwärmte vom grünen Hügel hinter dem Haus und diktierte mir begeisterte Briefe an die Kinderschwester in Eichendorf, die er sehr vermisste.

In späteren Jahren kannte der inzwischen zum Lausbuben herangewachsene Peter jedes Haus, jeden Winkel und jeden Hofhund des Dorfes. Alle Türen standen dem »Peterl vom Lehrer« offen. Er verlebte hier auf dem Land eine schöne Kindheit, und ich weiß, dass er sich heute noch mit Freuden daran erinnert.

Im Sommer 1950 erkrankte Franz an einer Blinddarmentzündung. Obwohl er rechtzeitig operiert worden war, bekam er infolge mangelnder Hygiene eine Bauchfellentzündung. Viele Wochen war er mit eiternder Wunde ans Krankenbett gefesselt. Nur seinem Arzt, der ihn mit dem damals noch umstrittenen Penizillin behandelte, hatten wir es zu verdanken, dass er mit dem Leben davonkam.

Täglich marschierte ich zu Fuß die sechs Kilometer nach Eggenfelden ins Krankenhaus und zurück nach Hirschhorn. Auch mit meinen erst 28 Jahren wurde mir der Weg oft beschwerlich und ich war erschöpft, wenn ich den Berg zu unserem Haus hinaufgeschafft hatte, wo meine Mutter auf mich und die Neuigkeiten wartete. Wie waren wir alle erleichtert, als Franz endlich entlassen wurde! Nicht nur, weil meine täglichen Fußmärsche jetzt ein Ende hatten, sondern vor allem, weil wir ihn sehr vermisst hatten.

Kann sich die heutige super-mobile Generation noch eine Zeit vorstellen, in der ein motorisiertes Fortbewegungsmittel für die allermeisten ein unerschwinglicher Luxusartikel war, in der man auf dem Land von öffentlichen Verkehrsmitteln nicht einmal träumen konnte und fast alle Wege zu Fuß gehen musste?

Jedes Mal, wenn ich mein treues Haushaltsbuch aufschlug, das mich seit Ostrau auf allen Wegen begleitet hatte, zeigten mir die Zahlen: Du musst versuchen, eure finanzielle Lage zu verbessern. Schließlich bewarb ich mich um eine Bürostelle bei der Schokoladenfabrik in Eggenfelden. Die Stelle wurde mir zugesagt, doch ich sollte, bis sie frei wurde, in der Packerei arbeiten.

Um fünf Uhr früh begann die Schicht. Also ging es, mit weißer Schürze und Kopftuch, vor vier Uhr aus dem Haus los in Richtung Eggenfelden. Als ich an meinem ersten Arbeitstag den Berg hinunterging, leuchteten die Sterne vom nächtlichen Himmel über dem Kirchturm. Tränen flossen über meine Wange. Ich war so erschöpft von meinen Sorgen, meinem Leben und meinem Dasein!

Würde es jemals besser werden? Daran zu glauben wagte ich nicht, alle Hoffnung auf ein besseres Leben war mir abhandengekommen. Gottlob war Franz gelassener und zuversichtlicher, machte mir immer wieder Mut – mir fehlte dieses Gottvertrauen.

In der Schokoladenfabrik lernte ich die Fabrikarbeit von ihrer unangenehmsten Seite kennen: In der Weihnachtssaison saß ich mit vielen anderen Frauen an einem langen Tisch und packte Christbaumschmuck, Herzen, Zapfen und Sterne aus Schokolade in buntes Stanniol. Jede der Arbeiterinnen hatte den Ehrgeiz, eine hohe Stückzahl zu erreichen. Diese Zahl wurde täglich in eine Liste eingetragen. Bei guter Leistung konnte man mit einer Wiedereinstellung in der nächsten Saison rechnen.

Deshalb konkurrierte jede, obwohl es keine Akkordarbeit war, mit den anderen Frauen um die Wette. Man wollte keine kostbare Minute verlieren und nahm sich nicht einmal die Zeit, auf die Toilette zu gehen. In der ohnehin nur halbstündigen Mittagspause reihten sich lange Schlangen vor den Klos, sodass kaum noch Zeit blieb, die Schnitte Brot hinunterzuschlingen, die man mitgebracht hatte.

Einige besonders Eifrige arbeiteten sogar in der Mittagspause weiter, um auf diese Weise einen Vorsprung zu gewinnen. Dann versteckten sie ihre Arbeit, um sie erst vor Arbeitsschluss auf den Tisch zu legen und so als Fleißigste eingetragen zu werden.

Ich wollte auch unter den Ersten sein und wickelte die Schokolade so schnell ich konnte ein. Diese ständige Hetze bekam meinen Nerven, die durch die Krankheit von Franz und die vielen durchwachten Nächte in Sorge um die Kinder angeschlagen waren, nicht gut. Da halfen auch die Stärkungs- und Beruhigungstränklein nichts, die ich in der Apotheke kaufte.

Besonders widerlich fand ich meine Arbeit am Montag, wenn sich meine Kolleginnen oft in ordinärster und freimütigster Weise ihrer sonntäglichen Sexerlebnisse rühmten, obwohl jegliche Unterhaltung während der Arbeitszeit verboten war.

Als sie herausbekamen, dass mein Mann Lehrer war, tyrannisierten sie mich, wo sie nur konnten. Sie waren der Ansicht, dass es die Frau eines Lehrers nicht nötig habe, zu arbeiten und anderen den Arbeitsplatz wegzunehmen, und machten sich ihren Spaß daraus, grinsend und feixend um mich zu stehen, wenn ich an der Reihe war, den Betonboden zu säubern und den darauf zertretenen Zucker mit Messer und Fingernägeln abzukratzen.

Inzwischen musste ich wenigstens nicht mehr in aller Herrgottsfrühe zu Fuß gehen, da es mir möglich war, mich in die Tagschicht einteilen zu lassen, und es somit eine Busverbindung gab. Dennoch war ich heilfroh, wenn die jeweilige Saison zu Ende war. Zweimal hielt ich die Weihnachts- und nur einmal die Ostersaison durch.

Von einer Bürostelle war zu meiner Enttäuschung nicht mehr die Rede. Man eröffnete mir kalt, dass man fürs Büro jüngere Arbeiterinnen einsetze, diese seien billiger. Ich hingegen war 28 Jahre alt und strebte ein Angestelltenverhältnis an.

Nun reichte es mir endgültig und ich kündigte, obwohl wir auf das Geld angewiesen waren. Die tägliche Qual hatte aber endlich ein Ende, denn zu oft hatte ich auf dem Heimweg bittere Tränen der Wut, Enttäuschung und Erschöpfung geweint.

Wir hielten einige Hühner im Garten und auf der Wiese. Da Liesel, die Schwester von Franz, ihre Hochzeit bei uns feiern wollte, kamen noch drei Gänse dazu. Sie sollten den Hochzeitsbraten liefern.

Dem Schulleiter, besser gesagt seiner Frau, passten das Geschnatter und Gegacker des Federviehs nicht, sie verlangte, dass zumindest die Gänse verschwinden müssten. So mussten wir die Tiere früher schlachten und Liesl war gezwungen, den für Frühjahr geplanten Hochzeitstermin wegen des Gänsebratens vorzuverlegen. So fand die Hochzeit schon zu Weihnachten 1950 statt, und lange noch neckten wir Liesel damit, dass sie hätte heiraten »müssen«. Leider blieb die Ehe kinderlos.

Wir hatten zehn Personen zum Schlafen im Haus und an der Hochzeitstafel noch mehr, dennoch kamen wir in der unzulänglichen Wohnung alle irgendwie unter. Was damals alles möglich war, wenn es denn sein musste! Bei den heutigen Erwartungen wäre das nicht mehr so einfach. Doch damals stellte man keine großen Ansprüche und war mit dem zufrieden, was man hatte.

Eva wurde damals gerade ein Jahr, kein Mensch hatte Zeit, sich um das kleine Mädchen zu kümmern. So hüpfte sie in ihrem Gitterbettchen herum und konnte dummerweise ungestört die Wand in der Küche mit ihrem Windelinhalt beschmieren. Wir trösteten uns damit, dass dies den Brautleuten Glück bringen würde.

Die Monate gingen dahin, wie mir scheint viel langsamer als heute. Doch man hört oft, dass die Zeit schneller vergeht, je älter man wird. Das kann ich im Rückblick nur bestätigen, die Zeit heute rast gerade so dahin.

Das Monatsgehalt von Franz lag inzwischen bei etwa 300 Mark. Für unsere dringendsten Neuanschaffungen hatten wir aber ständig irgendwelche Raten zu zahlen. Deshalb begannen wir damals schon Zeitungsberichte zu schreiben. Doch die lächerlichen paar Mark Zeilenhonorar fielen kaum ins Gewicht. So hieß es immer nur sparen, sparen, sparen.

Etwas Besonderes konnten wir uns nicht leisten. Gingen wir, was selten vorkam, zu einer Veranstaltung oder zu einem Ball, saß Franz den ganzen

Abend vor einem einzigen Glas Bier und ich vor einer Limonade. Mehr gönnten wir uns nicht. Trotzdem war es schön, denn man braucht nicht viel, um glücklich zu sein, wenn man sich gut versteht. Inzwischen kannten wir fast das ganze Dorf und genossen die kleinen Vergnügungen unter Freunden und Bekannten. Es war trotz aller Bedürftigkeit auch eine schöne Zeit.

Eine unserer wichtigsten Anschaffungen war eine lange Zinkbadewanne. Wir trugen sie jedes Wochenende vom Waschhaus im Nebengebäude hinauf in die Küche, dann begann das Badefest für die gesamte Familie.

Etliche Eimer Wasser mussten wir dazu aus dem Brunnen pumpen, hereinschleppen und auf dem Ofen topfweise erhitzen.

Zuerst kamen die Kinder dran, und bald schwamm die ganze Küche durch ihr Herumplätschern. Anschließend waren die Erwachsenen an der Reihe, einer nach dem andern. Am Schluss musste das gebrauchte Wasser in Eimern wieder hinausgetragen werden. Es war eine mühsame und anstrengende Angelegenheit, doch es gehörte zu den Wochenendritualen. Eine Dusche für das tägliche Waschen gab es nicht, dafür aber eine Waschschüssel, die bei uns »Lavor« genannt wurde.

In welchem Luxus wir doch heutzutage leben, wo man sich einfach unter die Dusche stellt und das Wasser laufen lässt!

Inzwischen schrieb man das Jahr 1952, Deutschland litt immer noch unter den Folgen des Krieges.

Am Haus hatte sich nur wenig geändert, an den Außenwänden sahen stellenweise immer noch die blanken Ziegel hervor.

Franz hatte ein altes Fahrrad geschenkt bekommen, mit dem er regelmäßig nach Eggenfelden radelte, um die nötigen Besorgungen zu machen und alles zu kaufen, was es im Krämerladen des Dorfes nicht gab.

Meiner Mutter wurde es im Haus zu feucht, denn ihr Rheuma machte ihr zu schaffen. Deshalb trocknete und wärmte sie jeden Tag das Bettzeug über dem Ofen. Mit ihren 51 Jahren war sie immer noch attraktiv und gepflegt. Den Großteil ihres Lebens hatte sie bisher in meinen Dienst gestellt. Beengt wie wir hausten, suchte sie sich nun ein Zimmer zum Schlafen im Dorf und kam täglich nach der Frühmesse auf den Berg herauf. Das war eine gute Lösung, denn unsere Wohnverhältnisse waren weiterhin sehr eingeschränkt. Jetzt hatten wenigstens die Kinder ein Zimmer für sich.

Zu unseren Neuanschaffungen gehörte auch ein altes Klavier, damit Peter Klavierstunden bekommen und üben konnte. Das war damals ein großer Luxus, denn das Instrument kostete 520 Mark, was mehr als ein ganzes Monatsgehalt war und monatelang in Raten abgestottert werden musste. Doch das war es uns wert.

Mit Eifer diente Peter auch als Ministrant, obgleich ihm oft wegen des Weihrauchs übel wurde und er »kasweiß« aus der Kirche heimkam. Mit mütterlichem Stolz kann ich sagen, dass er ein fleißiger Volksschüler und der Beste in seiner Klasse war, die sich nebenan im inzwischen einigermaßen renovierten Schulhaus befand.

Eva war inzwischen zweieinhalb Jahre alt geworden, ein munteres kleines Mädchen, das mit jedem gern und viel plapperte. Auf dem Friedhof, wohin sie nur wenige Schritte durch unseren Garten zu den Gräbern gehen musste und wo sie gerne herumstolzierte, erzählte sie jedem, ob er es hören wollte oder nicht: »Ich werd' einmal nicht rauchen, wenn ich groß bin, weil die Oma hat gesagt, dass sie aus dem Grab rauskommt und mich schimpft, wenn ich so was mache!« Damals ging man mit den Kindern noch etwas energischer um. Eva wurde später zu Omas Freude tatsächlich überzeugte Nichtraucherin.

Ja, die Kinder waren unser ganzes Glück in unserem noch mühsamen und entbehrungsreichen Alltag.

Die Atmosphäre in unserem Wohnhaus, die von Anfang an nicht gut gewesen war, verschlechterte sich mehr und mehr. Es herrschten Missgunst, Hass und Neid, und an den Türen wurde gehorcht und intrigiert. So sehr wir uns auch bemühten, uns aus den Streitigkeiten der Mitbewohner herauszuhalten, wir wurden von den beiden anderen Mietparteien, die miteinander zerstrittenen waren, hin- und hergezogen. Schließlich waren wir ganz und gar in den Zwist verwickelt. Es war nicht zu vermeiden.

Zank und Streit gab es wegen allem und jedem, wegen der Kinder, wegen des Gartens, wegen der Hausordnung, sogar wegen der paar grünen Äpfel, die an den Bäumen hingen. Wenn kein Grund vorhanden

Eva, unsere »Putzi«, Sommer 1952

war, dann wurde einer gesucht und gefunden. Jede Neuanschaffung wurde mit fast krankhaftem Neid registriert. Das Klima wurde so unerträglich, dass wir aus- und wegziehen wollten. Doch es fand sich weder eine passende Stelle noch eine kleine Wohnung. Es blieb uns nichts anderes übrig, als zähneknirschend auszuharren.

Doch plötzlich trat, welch ein Wunder, eine völlig unerwartete Veränderung ein. Ich fragte mich, ob Gott meine Bitten und Gebete erhört hatte. Zuerst verschwand in aller Stille die obere Mietpartei, wenige Tage später die untere. Nach all dem, was wir an Zwistigkeiten miterleben mussten, konnten wir es kaum fassen, dass sich dieses Problem so plötzlich wie von selbst löste.

Sollte jemand schon einmal in einer so unguten Situation auf engstem Raum mit streitbaren Nachbarn gewohnt haben, weiß er, wie sehr einem dieser Umstand das Leben zur Hölle machen kann.

Nach all diesen Unannehmlichkeiten zogen ein älterer Schulleiter und eine junge Lehrerin bei uns ein, mit ihnen kamen Ruhe und Frieden ins Haus.

Im Sommer 1952 drohte uns neues Unheil, die Sorgen wollten einfach nicht aufhören: Eva wurde krank und zeigte alle Symptome einer Blinddarmentzündung. Der Arzt hielt allerdings eine solche Diagnose bei einem kleinen Kind für ausgeschlossen. Auf unser Drängen hin lieferte er sie ins Krankenhaus ein, doch da war es schon zu spät, der Blinddarm war bereits durchgebrochen. Der Chirurg machte uns nicht viel Hoffnung. Er habe alles getan, sagte er, das andere liege in Gottes Hand. Wir waren in größter Sorge und hatten Angst, dass unser munteres Evchen nicht überleben würde. Jedes Mal, wenn ich nachts die Hunde bellen hörte, fürchtete ich, dass die Postfrau, die das einzige Telefon im Ort hatte, mit der Todesnachricht kommen würde. Alles Mögliche versprach ich dem lieben Gott, nur unsere kleine Tochter sollte er uns nicht nehmen. Wir waren überglücklich, als wir sie schließlich dann doch aus dem Krankenhaus heimholen durften. Dieses Kreuz war von uns genommen, doch schwebte schon ein anderes über uns.

Michael

Unser drittes Wunschkind war unterwegs. Auf Grund der vielen Aufregungen um Eva und der hasserfüllten Atmosphäre im Haus war meine Gesundheit ziemlich angegriffen. Doch nun, nachdem Frieden eingekehrt war, konnten wir uns auf unser Kind freuen.

Ging es mir die erste Zeit noch gut, so plagte mich nach den ersten Schwangerschaftsmonaten heftiges Herzjagen und mein Blutdruck schnellte gefährlich in die Höhe. Auf Anraten des Arztes musste ich die Zeit im Bett oder auf dem Sofa sitzend zubringen. Außerdem verordnete er mir zur Herzberuhigung Barbiturate, die sogleich Bedenken in mir wachriefen. Besorgt fragte ich ihn, ob diese Medikamente dem Kind nicht schadeten. Er aber zerstreute meine Befürchtungen mit der Erklärung, dass Kinder sich immer nur das Beste aus dem Mutterleib nehmen würden.

Ich schluckte also brav die verordneten Tabletten. Geholfen haben sie mir nicht, aber sie waren wohl die Ursache für die sich anbahnende Katastrophe. Einen Facharzt oder Vorsorgeuntersuchungen gab es damals nicht, sonst wäre vielleicht alles anders gekommen. Erst kurz vor der Entbindung, nachdem ich geschwollene, dicke Beine bekommen hatte, entschloss sich der Arzt zu einer Urinuntersuchung und stellte dabei eine zu hohe Menge Eiweiß fest.

Das hieß, dass mir eine Eiweißvergiftung mit lebensbedrohenden Krämpfen bevorstehen könnte. Ab sofort musste ich salzlos essen. Ich hätte alles hingenommen, doch der Schaden an unserem Kind war nicht mehr gut zu machen. Im März 1954 kam unser Sohn im Krankenhaus mit Untergewicht auf die Welt. Wir hatten uns so darauf gefreut, dieses Kind in Ruhe und Sicherheit aufwachsen zu sehen, was bei den beiden vorangegangenen nicht möglich gewesen war. Bei Peter herrschte Krieg und Flucht, bei Eva finanzielle Not.

Bereits am zweiten Lebenstag wurde Michael, wie wir ihn nannten, wegen einer Blutung ins Krankenhaus nach Altötting geschafft. Täglich brachte Franz die Muttermilch zum Omnibus, die der freundliche Fahrer im Krankenhaus ablieferte. So taten wir alles für Michael und rangen um sein Leben. Heute denke ich, es wäre besser gewesen, wir hätten es nicht getan. Ein jahrelanger Kreuzweg wäre Michael und uns erspart geblieben. Doch noch ahnten wir die Ausweglosigkeit seines Zustandes nicht.

Michael blieb am Leben, machte aber kaum Fortschritte. Als es hieß, er sei halt ein Spätentwickler, klammerten wir uns an diese Beruhigung.

Mit neun Monaten stellte ich ihn stolz der Kinderärztin vor, weil er etwas gewachsen war und zugenommen hatte. Schon nach dem ersten Blick auf Michael fällte sie das vernichtende Urteil: »Der Bub ist nicht normal!«

Ich war geschockt über diese schonungslose Aussage. Mit den Augen elterlicher Liebe hatten wir es selbst nicht bemerkt oder, so denke ich heute, es uns nicht eingestanden, obwohl wir es längst hätten wissen müssen. Eine Welt brach für uns zusammen.

Die nächsten Jahre bestanden aus einer Folge von Reisen von Arzt zu Arzt, von Kapazität zu Kapazität, wofür wir viel Geld und noch mehr Zeit opferten. Nichts war uns zu viel, um Michael zu helfen. Doch Michael blieb geistig auf der Stufe eines fünf Monate alten Kindes stehen.

Oft hielt ich ihn in den Armen, sah weinend auf das kleine Bündel Mensch und fragte mich voller Verzweiflung, warum uns dieser erneute Schicksalsschlag getroffen hatte, ausgerechnet jetzt, wo unsere Verhältnisse endlich besser zu werden schienen.

Solche Fragen stellt sich sicherlich jede Mutter, die ein schwerst behindertes Kind in den Armen hält, doch es gibt keine Antwort darauf.

Keiner der Ärzte wollte den Schaden auf die Medikamente oder auf meine Eiweißvergiftung zurückführen. Meine schlechten Mandeln seien schuld daran, sagte der eine, mein fortgeschrittenes Alter der andere. Dabei war ich erst 32 Jahre alt, ein Alter, in dem heute viele Frauen ihr erstes Kind bekommen.

Wir konnten und wollten uns nicht damit abfinden, dass es keine Hilfe gab. Frischzellentherapie in München, fachärztliche Behandlung in Wien. Wir scheuten weder Mühe noch Kosten, aber nichts half, keiner konnte unserem armen Kind helfen.

Weil Michael für die Familie zu einer großen Belastung wurde, entschlossen wir uns schweren

Franz, ich, Peter, Eva, Oma und Michael

Herzens, ihn im Alter von sechs Jahren in das Heim Ecksberg bei Mühldorf zu geben. Dieser Schritt war sowohl für Michael als auch für das Familienwohl und unsere zerrütteten Nerven absolut notwendig.

Dort wurde er wie in einem Familienverband mit zehn anderen schwer behinderten Buben unter der Aufsicht einer liebevollen und fürsorglichen Schwester betreut, mit der ich heute noch in Verbindung stehe.

Michael wegzugeben war eine harte Entscheidung für uns, die erst nach langen Diskussionen und vielen Tränen fiel. Sie wurde nur durch die Tatsache, dass Michael niemanden erkannte und nichts verstand, erleichtert. Wir besuchten ihn regelmäßig, jedes Mal weinte ich die ganze Heimfahrt lang.

1968 starb Michael mit 15 Jahren. Es war, das muss ich gestehen, für uns alle eine Erlösung. Hatte der kleine Tisch im Böhmerwald seinerzeit nicht recht gehabt, als er das bisschen Leben unseres dritten Kindes nur mit einem schwachen Hüpfer angekündigt hatte? Wer möchte da noch daran zweifeln, dass alles Bestimmung ist?

Die Beerdigung auf dem an das Heim angeschlossenen Friedhof in Ecksberg war ergreifend und makaber zugleich. Ein alter, gebrechlicher Pfarrer in einem verblichenen Messgewand und dahinter eine Schar geistig behinderter Kinder, die anzusehen einem ans Herz griff, bildeten den armseligen Trauerzug zum Friedhof. Von irgendwoher schallten die Schreie und das heisere Kichern eines Geisteskranken. Dann bedeckte die barmherzige Erde den Sarg Michaels und damit ein schweres und trauriges Kapitel unseres Lebens.

Doch zurück zum Jahr 1954. Peter trat im Herbst ins Gymnasium ein. Nun musste er frühmorgens mit dem Fahrrad zum Eggenfeldener Bahnhof fahren und von dort mit dem Zug nach Pfarrkirchen. Dieselbe Strecke galt natürlich für mittags oder nachmittags. Es tat uns leid, wie sich der Bub mit seinen zehn Jahren bei Wind und Wetter abstrampeln musste.

Franz beschloss daher, den Führerschein zu machen und ein Auto zu kaufen. Unser erstes Auto, gebraucht versteht sich, war ein Lloyd 300, der aus Sperrholzplatten und Blech bestand. »Wer den Tod nicht scheut, fährt Lloyd«, war seinerzeit ein Spottvers. Doch wir waren glücklich und stolz. Immerhin hatten wir nun ein eigens Auto, auch wenn es klein war.

Dieses Auto war für Peter auf seinem Schulweg zwar eine große Erleichterung, aber Franz musste nun täglich früh und mittags zum Bahnhof fahren. Wenn seine Schüler ihn auch scherzhaft den Doktor in der Pappendeckelkiste nannten, waren wir froh, dieses Auto zu besitzen. Bei dem »Leukoplastbomber«, wie der Wagen damals spottend genannt wurde, blieb es nicht lange. Es folgte als unser zweites Auto ein Lloyd 400 mit einer Blechkarosserie. Sechs Personen quetschten sich hinein, wenn wir mit Oma und einer Tante allwöchentlich in die öffentliche Wannenbadeanstalt fuhren. Die Leute amüsierten sich köstlich, wenn da eine ganze Schar aus dem kleinen Auto herauskletterte.

Mit der Zeit wurde es feudaler: Ein Borgward Hansa 1100 stand später als drittes Auto in der Garage. Unser persönliches Wirtschaftswunder!

Im Laufe Zeit ließ die Gemeinde nach und nach das Lehrerwohnhaus renovieren. Die erste Wohltat war der Einbau einer Wasserleitung. Man stelle sich das vor: Mitte der Fünfziger Jahre! Wie lange mussten wir entbehren, fließendes Wasser im Haus zu haben und mussten das eiskalte Brunnenwasser Eimer für Eimer von draußen ins Haus schleppen!

Was für ein unfassbarer, faszinierender Augenblick, als wir den Wasserhahn erstmalig aufdrehten und sprudelndes Wasser ins Wasch- und Spülbecken lief!

Jahr für Jahr wurden nun weitere Renovierungsarbeiten durchgeführt. Oft ging es zu wie auf einer Baustelle. Wir nahmen dies dafür in Kauf, dass es im Haus schöner und komfortabler wurde.

Und endlich bekamen wir eine zusammenhängende Wohnung, als nach Jahren der Schulleiter in den Ruhestand ging und Franz dessen Position einnehmen durfte. Es war wunderbar, auf nur einer Etage zu wohnen!

Nachdem sich die Schülerzahl in Hirschhorn verringert hatte, bekam Franz andere Stellen angeboten, doch selbst eine Rektorenstelle, die ihm in Malgersdorf angeboten wurde, schlug er aus.

Es waren die jahrelangen Erinnerungen und Erlebnisse mit all ihren Höhen und Tiefen, die uns in Hirschhorn bleiben ließen.

Inzwischen waren wir mit dem Haus und mit dem Dorf eng verwachsen und wollten nicht mehr weggehen. Als ich viele Jahre vorher zum ersten Mal voll Entsetzen das schäbige Haus gesehen hatte, hätte ich mir das niemals vorstellen können.

Endlich geht es aufwärts!

Die Jahre flossen dahin und es ging uns nach und nach besser, auch in finanzieller Hinsicht. Gelegentlich konnte ich mir nun sogar ein Kleid, einen Mantel oder etwas anderes Hübsches leisten, was ich viele Jahre vermisst hatte. In unseren Anfängen hatten wir kein Geld, und später standen notwendigere Dinge für die Familie an.

Um sein kärgliches Taschengeld aufzubessern, arbeitete Peter ab seinem 16. Lebensjahr als örtlicher Berichterstatter in der Redaktion des »Rottaler Anzeigers«, der Heimatzeitung, mit. Er schien das gut zu machen, denn eines Tages übertrug ihm die Redaktion die Gerichtsberichterstattung. Da er jedoch vormittags im Gymnasium war, konnte er die Vormittagsverhandlungen nicht wahrnehmen und überredete mich, ihn zu vertreten.

Ich wehrte mich zunächst heftig und lehnte rigoros ab, weil ich wegen Michael jahrelang ans Haus gefesselt und dadurch menschenscheu geworden war. Außerdem fehlte mir das nötige Selbstvertrauen. Michael war damals erst kurze Zeit im Heim. Ich litt sehr darunter, war oft deprimiert und traute mir deshalb diese Arbeit nicht zu.

Peter war aber überzeugt, dass ich mich durch diese Tätigkeit am besten ablenken und mich von meiner Lethargie und Melancholie befreien könne.

Er hatte recht, doch für mich war es nach dem jahrelangen Dienst an der Familie, vor allem nach der anstrengenden Fürsorge um Michael ein Sprung ins eiskalte Wasser. Als ich zum ersten Mal das Gerichtsgebäude betrat, klopfte mir das Herz bis zum Hals und ich musste alle meine Hemmungen überwinden.

Die Verhandlungen am Amtsgericht waren aufregend und interessant für mich, auch wenn es sich meist nur um kleinere Vergehen oder Zwistigkeiten handelte. Es lenkte mich von meinen eigenen Problemen ab, wenn ich hörte, dass auch andere Menschen Schwierigkeiten hatten.

Oft ging es um Streitigkeiten, bei denen ich mich fragte, ob sie diese Aufregung wert waren und man sich nicht mit etwas gutem Willen außergerichtlich hätte einigen können.

Doch die Arbeit machte mir zusehends mehr und mehr Freude. Es brachte mir Befriedigung, die von mir verfassten Artikel mit meinem Kürzel »mai« in der Zeitung lesen zu können.

Es waren, wie gesagt, selten dramatische, oft eher banale, manchmal auch bewegende Prozesse, die da auf dem Land verhandelt wurden.

Gelegentlich ging es auch mal um eine lustige Strafsache. So erinnere ich mich an einen Angeklagten, der auf die Frage des Amtsrichters, ob er ein Alibi habe, entrüstet antwortete: »A Liebe? Na, di hab i net«. Und als einmal ein Landstreicher, wegen Diebstahls angeklagt nach seinem Wohnort gefragt wurde, antwortete dieser: »Ich schlaf' am liebsten in der Flora und Fauna!«

Ich lernte viele Menschen und ihre Schicksale kennen und hatte häufig Mitleid mit Angeklagten, die durch widrige Umstände, Unglück, Leichtsinn oder auch Dummheit zu Tätern geworden waren und jetzt bange ihr Urteil erwarteten.

Manchmal erinnerten mich ihre Lebensschilderungen an die Zeit, in der ich mit dem kleinen Peter und meiner Mutter ohne Ziel und Hoffnung auf eine bessere Zukunft herumgeirrt war und auch versucht hatte, durch Bettelei an ein paar Lebensmittel zu kommen. Beim Verfassen der Zeitungsberichte ging ich deshalb schonend mit den Angeklagten um.

Finanziell brachte die stundenlange Sitzerei leider rein gar nichts. Es gab damals sage und schreibe 15 Pfennig Zeilenhonorar, das war alles. Doch ich machte es nicht in erster Linie des Geldes wegen, sondern zu meiner eigenen Befriedigung.

Oft rannte ich mittags schnell nach Hause, um die Meinen zu versorgen, denn meine Hausfrauenpflichten durften keinesfalls durch meine Arbeit vernachlässigt werden.

Weil ich damals, wie seinerzeit viele Frauen, noch keinen Führerschein hatte, musste ich alle Wege zu Fuß oder mit dem Fahrrad bewältigen.

Wenige Jahre später traute ich mich dann doch, den Führerschein zu machen. Da Franz in der Schule unterrichtete, konnte ich den Wagen oft für mich beanspruchen, was für mich purer Luxus war.

Im Zuge der Gebietsreform wurden schließlich drei Gerichtsbezirke zusammengelegt. Da mir die Arbeit bei der Zeitung dadurch zu viel geworden wäre, musste ich sie aufgeben. Für einige Jahre war es eine sinnstiftende Tätigkeit gewesen, die meiner Persönlichkeit viel gebracht hatte. Doch alles hat einmal ein Ende.

Peter machte, wie erwartet, ein glänzendes Abitur, studierte Altphilologie und startete seine Karriere. Zunächst als Studienrat im Schuldienst arbeitend brachte er es zum Ministerialrat im Kultusministerium und, wie ich ihn kenne, wird er auf der Leiter des Erfolges noch höher klettern. Er heiratete und wurde stolzer Vater zweier Söhne.

Oft kommen die Erinnerungen hoch, wie er als Bub eifrig seine Sonaten übte, vor allem Mozart, und sein Klavierspiel durchs offene Fenster drang, wenn ich draußen bei meiner geliebten Gartenarbeit war. Es war ein Genuss, auch mit dem Wissen, dass sein Spiel verklingen werde, sobald er das Haus verlassen hat, wie alle »Kinder« der Welt es tun.

Blumen und Musik, wie sehr liebe ich das, wie gut passt beides zusammen! Sie sind und bleiben eine Wohltat für Herz und Gemüt.

Eva hatte nach der mittleren Reife eine Stelle beim Gesundheitsamt gefunden. Auch sie verließ das alte Lehrerwohnhaus, heiratete und schenkte einem Sohn und einer Tochter das Leben. Sie ist glücklich und zufrieden, geht in ihrer Familie auf, so wie auch ich es mein Leben lang getan habe.

Abschied

Die Kinder waren gegangen, das Haus war leer geworden. Franz und ich blieben zurück, ein Werdegang, den alle Eltern einmal erleben.

Mich erfüllte es mit leiser Wehmut, obwohl ich wusste, dass beide Kinder wohlgeraten waren, ihr Leben meistern und wir in gutem Kontakt bleiben würden.

Franz und ich führten nun ein gutes, gemächliches und ruhiges Leben. Er widmete sich in seiner Freizeit seinen Hasen und Hühnern, für die ihm keine Mühe zu schwer war. Nachmittags saß er über seinen Heften, und dichter Pfeifenrauch hüllte ihn bei seiner Korrekturarbeit ein. Das Pfeifenrauchen war ein Luxus, den er selbst in schlechten Zeiten nicht missen wollte, wenn auch damals mit minderwertigem Tabak oder Tabak aus selbst gesammelten und getrockneten Kräutern.

Oft hatte er Stöße von Heften vor sich liegen, da er über fünfzig Kinder in einer einzigen Klasse zu unterrichten hatte. In heutiger Zeit, in der die Klassen meist aus nicht mehr als 25 Schülern bestehen, ist das unvorstellbar.

Allerdings, das muss ich doch anmerken, waren die Kinder früher viel besser erzogen und die Eltern viel weniger rechthaberisch als heute.

Ein Lehrer war eine Respektsperson, wenn er denn fähig war, sich Respekt zu verschaffen. Das hatte Franz immer gekonnt. Nicht mit Strenge oder gar mit Gewalt, sondern mit Geduld und Fürsorge für die ihm anvertrauten Kinder.

Er war ein leidenschaftlicher und begnadeter Sänger, der sich jahrelang im Kirchenchor engagierte. Einige Zeit genossen wir mit Freunden wunderbare Samstagabende bei Hausmusik mit Klavier und Geigen und sangen stimmungsvolle alte Lieder. »Wien, Wien, nur du allein …«, schmachteten wir vor uns hin. Doch bald sollten diese Abende passé sein und die Lieder in unserem Haus verstummen.

Nach den vielen schwierigen und oft schmerzlichen Jahren hofften wir nun auf einen sorglosen Lebensherbst. Aber das Schicksal griff erneut mit grausamer Hand zu.

Nachdem wir an einem Sonntagabend im Mai 1975 nach einer Wochenendreise von Dinkelsbühl gesund zurückgekehrt waren, bekam Franz noch in der Nacht starke Kopfschmerzen und hohes Fieber. Ich war ratlos. Erst am Montagmorgen kam ärztliche Hilfe. Mit einer Gehirnhautentzündung wurde Franz ins Infektionskrankenhaus nach Simbach am Inn eingeliefert, wo er drei Tage lang nicht aus seiner Bewusstlosigkeit erwachte und zwischen Leben und Tod schwebte.

Wochenlang blieb sein Zustand kritisch. Meine Angst um ihn lässt sich nicht beschreiben, und es war einer der schönsten Tage meines Lebens, als ich ihn, dem Tod entrissen, nach vier Wochen nach Hause holen durfte.

Freilich ahnten wir nicht, dass diese Krankheit der Auftakt zu einer zehnjährigen Leidenszeit war.

Eine Infektion nach einem nicht erkannten Zeckenbiss hatte bei Franz diese Hirnhautentzündung ausgelöst. Am schlimmsten waren die nächtlichen Verwirrungszustände, die vermehrt auftraten und mich in panische Angst versetzten. Schlaflos bangte ich dem Morgen entgegen und war heilfroh und erleichtert, wenn ich dann feststellen konnte, dass sein Kopf wieder klar war. Von seinen wirren Reden und Fantasien wusste Franz nach dem Aufwachen nichts mehr. Ich jedoch verstand so manches, was aus den Kriegsjahren aus seiner Erinnerung auftauchte. Solch schlimme Erlebnisse bleiben im Unterbewusstsein haften und kommen immer wieder hervor. Das ist das Kreuz unserer Generation.

1982 holte das Schicksal abermals zu einem Schlag aus, als man bei Franz Darmkrebs feststellte und er sich einer Operation unterziehen musste. Obwohl ihn der Arzt beruhigte, er könne seine Krankheit durch diese Operation vergessen, verlor er doch nie die Angst vor Metastasen.

Nachdem unsere kleine Schule in Hirschhorn inzwischen geschlossen worden war, wurden die Klassen in der größeren Schule im nahen Markt Wurmannsquick untergebracht.

Franz war dort als Konrektor tätig, doch die Folgen seiner Erkrankungen zwangen ihn, frühzeitig in Rente zu gehen. Den Anforderungen seines Berufes war er nicht mehr gewachsen, weil er durch seine Krankheiten psychisch angeschlagen und nicht mehr der »alte«, tatkräftige Mann war, der er einmal gewesen war. Manchmal glaubte ich die Nähe des Todes zu spüren. Behutsam und tastend sprachen

Franz, meine große Liebe

wir zuweilen darüber, indem einer des anderen Gedanken zu ergründen versuchte.

Letztlich waren wohl seine quälenden Sorgen und Ängste schuld daran, dass sein Herz nicht mehr mitmachen wollte.

Niemand ahnte unsere tiefe Beunruhigung, denn Franz war nach außen immer leutselig und zu Scherzen aufgelegt.

Dann kam jener schreckliche Abend, an dem Franz mich für immer verließ. Wie jeden Abend lag er auf der Couch, um fernzusehen. Als ich ihm das Abendbrot hinstellte, stand er auf und ging zum Tisch. Schon nach zwei Schritten war ein kurzes Röcheln zu hören, und er schlug einige Male um sich. Ich wusste sofort, dass dies das Ende war. Auch mein verzweifeltes Rufen hielt den Tod nicht davon ab, erbarmungslos nach Franz zu greifen. Er setzte sich noch an den Tisch, dann sank sein Kopf auf seine Brust. Es war der 30. Januar 1985 um 18.30 Uhr, der schlimmste Abend meines Lebens.

Oft frage ich mich, warum wir, wenn schon um unsere Jugend betrogen, nicht einen schönen, gemeinsamen Lebensabend genießen durften.

Doch auf solche Fragen gibt es keine Antwort. Jeder von uns hat sein Schicksal zu tragen.

Letzte Erinnerung

Nun, nach dem Tod meines Mannes, ist es einsamer um mich geworden, ich bin meiner letzten Aufgabe beraubt. Franz, der einst mein Leben war, ist nun von Erde bedeckt. Er ruht auf dem kleinen Friedhof neben unserem Haus, wenige Meter von dem Schreibtisch entfernt, an dem ich meine Erinnerungen aufschreibe.

Zwei Jahre nach dem Tod meines Mannes, am 8. Mai 1987, ging auch meine Mutter von mir, drei Tage nach ihrem 86. Geburtstag. Fast vier Jahre hatte sie zuletzt in einem Altenheim gelebt, der Tod hatte sie gnädig vor einem längeren Siechtum bewahrt.

Ich denke oft an sie und ihr Leben. Als junge verliebte Frau hatte sie meinen Vater in der damaligen Heimat in Mährisch-Ostrau geheiratet und mich sowie später meinen Bruder Erich geboren. Eine gute und schone Zukunft schien ihnen vorgezeichnet, bis dieser elende Krieg von Hitler angezettelt wurde und sich mein Vater als fanatischer Nationalsozialist an die Front gemeldet hatte.

Meine verzweifelte Mutter mochte damals dagegen gewesen sein, doch er wollte es so und sah es trotz seines Alters als seine Pflicht als Deutscher an. Dann wurde gemeldet, dass er vermisst sei – er kam nie wieder zurück. Ein Schicksal, das damals viele

Frauen zu erleiden hatten – für jede einzelne von ihnen eine Katastrophe.

Meine Mutter war damals erst 43 Jahre alt, eine Frau in der Blüte ihrer Jahre. Was folgte, war die Sorge um mich und das Kind, nachdem ich geheiratet und Peter bekommen hatte, der schmerzliche Verlust der Heimat, die schlimmen Jahre der Flucht und Vertreibung und später die harten Zeiten der Eingliederung in eine neue, fremde Heimat.

All die Jahre stand sie uns bei, wohnte bei uns, teilte Freud, Leid und Arbeit mit uns und hatte nie wieder einen Mann kennenlernen wollen, auch wenn es genügend Verehrer gab. Meine Familie und ich waren ihr Lebensinhalt geworden.

Immer achtete sie auf eine gepflegte Erscheinung und auf gutes Aussehen, so wie sie es schon in der alten Heimat getan hatte. Darüber hinaus kümmerte sie sich ehrenamtlich im Dorf um die Kirche, schmückte sie zu den Festtagen mit wunderschönen Blumengebinden und legte die frisch gewaschenen und gestärkten Altartücher auf.

Jahre später sorgte sie einige Zeit für ihre kränkliche Schwester, die sie bis zu deren Tod pflegte. Diese hatte bei der Flucht aus Böhmen nicht das Glück gehabt, in den Westen zu gelangen wie wir, sondern musste im Gebiet der späteren DDR bleiben. Erst im Rentenalter erhielt sie die Genehmigung zur Ausreise und zog zu meiner Mutter in deren kleine Wohnung nach Hirschhorn.

Meine Mutter war wahrlich eine tapfere, aufopferungsvolle und stets unverzagte Heldin des Alltags. Sie war ganz anders als ich, doch ohne ihren klugen,

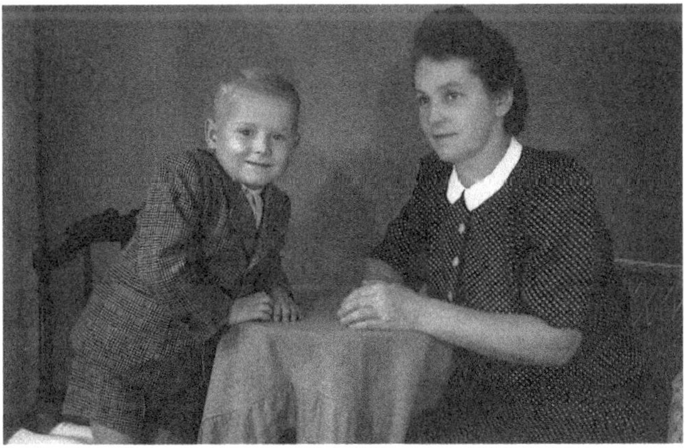

Meine Mutter mit Peter, ihrem Augenstern

tatkräftigen Beistand hätte ich die Strapazen der Flucht nicht überstanden und wäre schon lange nicht mehr auf dieser Welt.

Auf mein Leben zurückblickend, sehe ich, dass viele Prüfungen meinen Lebensweg überschatteten. Doch will ich darüber all das Gute nicht übersehen, das mir geschenkt wurde und wofür ich dankbar bin.

Auch in schwierigen und harten Zeiten traf ich auf Menschen, die gut und hilfsbereit waren. Doch es sind vor allem meine Kinder und Enkelkinder, die mich erfreuen.

Mit Dank erfüllt bin ich auch für die mir zuteil gewordene Kraft, mein Leben als Witwe allein weiter meistern zu können. Hoffentlich bleibt mir diese Kraft bis ans Ende meiner Tage erhalten.

Kürzlich las ich einen Spruch, der mir sehr gefallen hat und den ich als Sinnspruch meines Lebens erkenne:

»Du führtest mich am Leid nicht vorbei,
aber Du führtest mich hindurch.«

Fast vierzig Jahre, die längste Zeit meines Daseins, lebe ich nun in Hirschhorn. Mit seinen sanften, von grünen Wäldern umsäumten Hügeln und der schönen Kirche, die mit ihrem schlanken Turm von der Anhöhe hinab weit ins Tal hinein grüßt, ist es mir zur zweiten Heimat geworden. Hier hat sich der größte Teil meines Lebens abgespielt, mit Freud und mit Leid.

Die Kinder wuchsen hier auf und hatten eine schöne Zeit. Mit Franz durfte ich hier viele Jahre in großer Zuneigung, in Treue und gegenseitigem Vertrauen glücklich leben. Gibt es etwas Schöneres als so eine Liebe?

Ich kann in unserer Wohnung bleiben und hoffe, dass mir dies noch lange vergönnt sein wird. Mangelt es ihr auch an mancherlei neumodischem Komfort, so ist sie doch voller Erinnerungen an gelebte Jahre. Mit der besten Neubauwohnung würde ich nicht tauschen wollen.

Schön war es, als Hirschhorn noch seine Schule hatte: Ich erinnere mich, wie früher während des Schuljahres auf dem Pausenhof fröhliches Treiben herrschte, während es in der Ferienzeit still ums Haus war.

Der letzte Schultag war stets ein bedeutsamer Tag. Nach der offiziellen Abschlussfeier kamen

Bürgermeister und Gemeinderäte zu einem kleinen Umtrunk zu uns, in gemütlicher Runde wurde angeregt debattiert.

Die entlassenen Schüler feierten ihren Abschied in ihrem Klassenzimmer bei Kuchen und Kaffee. So manche Schülerin, damals noch mit langen Zöpfen, heute selbst schon längst Mutter, ist mir noch in Erinnerung, wie sie zaghaft an die Tür klopfte, um die volle Kaffeekanne zu holen, die ich für sie vorbereitet hatte.

In diesem Zusammenhang fällt mir die Resl, die alte Schulputzfrau ein, die immer von den entlassenen Schülern zum Mitfeiern eingeladen wurde. Jeder im Dorf kannte sie, sie war eine Art Mädchen für alles: Schul- und Kirchenputzfrau, Totenfrau und Gräberbetreuerin. Tag für Tag, Sommer wie Winter, läutete sie um fünf Uhr früh die Kirchenglocken, als es noch kein elektrisches Läutwerk gab. Krumm und bucklig war sie von der vielen Arbeit, aber sie ließ sich nicht unterkriegen. Nicht wegen des Geldes arbeitete sie, sondern der Arbeit und Pflichterfüllung wegen. Gibt es das heute noch?

Vor dem Tod hatte sie keinerlei Scheu.

So erinnere ich mich an eine Beerdigung vor Jahren, bei der man während der Trauerfeier peinlich berührt feststellte, dass das ausgehobene Grab zu klein geraten war, der Sarg nicht hineinpasste. Man musste ihn mit dem Toten vorübergehend neben dem Grab abstellen. Nach der Trauerfeier gingen die Totengräber ans Werk, um das Grab zu vergrößern.

Als ich einen Blick durchs Fenster zum Friedhof hinüberwarf, traute ich meinen Augen nicht:

Unbekümmert saß die alte Resl auf dem Sarg, biss herzhaft in ein Brot und schaute interessiert den Grabarbeiten zu. Es war ein tragikomisches Bild, das eine traute, wie selbstverständliche Zusammengehörigkeit von Leben und Tod darstellte.

Aber auch sie, die mit den Toten so »speziell« war, musste eines Tages Besen und Putzeimer aus der Hand legen und die Reise in die Ewigkeit antreten, wie die vielen anderen, die ich gekannt habe und die nicht mehr sind.

Wir alle müssen eines Tages diese Welt verlassen, sind mehr oder weniger weit von diesem letzten Ziel entfernt.

Auch für mich wird es eines Tages so weit sein.

Nachwort

Wenn ich die Lebenserinnerungen meiner Mutter Sonja lese, höre ich noch einmal aus ihrem winzigen Arbeitszimmer das flinke Klappern ihrer kleinen, mechanischen Reiseschreibmaschine.

Zigtausendmal hat sie deren Tasten angeschlagen, Seite um Seite hat sie gefüllt für Zeitungsberichte von den Verhandlungen vor dem Amtsgericht Eggenfelden und auch über das Neueste aus Hirschhorn und Umgebung. Sie verfasste eine umfangreiche Chronik über die Volksschule Hirschhorn, schrieb gern Briefe, auch an Korrespondenzpartner im Ausland, in englischer oder tschechischer Sprache, und sie schilderte auf vielen engzeilig beschriebenen Seiten, was sie auf ihrem verschlungenen, wendungsreichen Weg durchs Leben erlebt und erlitten hat.

Meine Mutter war von Jugend an eine Meisterin der Sprache, des klugen, Fakten wie Gefühle gleichermaßen prägnant darstellenden Wortes.

Zeit und Schicksal haben verhindert, dass sie aus diesen Anlagen, die schon in ihrem Abituraufsatz so ausgezeichnet zur Geltung gekommen waren, mehr für sich und ihr Leben machen konnte. Um Sehnsucht ging es in diesem Aufsatz, und um einen Menschen, der einsam wartend am Fenster steht.

Als die Abiturientin Sonja sich gefühlvoll damit befasste, ahnte sie nicht, wie bald eben dies für sie als junge Ehefrau schmerzliche Realität werden sollte.

Meine Mutter Sonja suchte, als sie ins Leben hinausging, wie wohl alle jungen Frauen, Freude, Liebe und Glück. Manches fand sie, manches nur für kurze Zeit, manches blieb ihr versagt.

Einfühlsam und authentisch führt Viktoria Schwenger in diesem Buch die Leserin und den Leser anhand der Erinnerungen meiner Mutter durch deren Leben.

Vielen stellt sich die Frage, ob es denn nur Schicksalsschläge gab – wo in diesem Leben blieben Freude und Glück?

Doch, es gab sie, die für jeden Menschen wichtigen Glücksmomente. Wir spüren sie, wenn meine Mutter ihre junge Liebe und Hochzeit mit meinem Vater Franz schildert, oder meine Geburt und die meiner Schwester Eva; wir spüren sie in der Dankbarkeit über Errettung aus Not und Gefahr, über die Hilfen gut meinender Mitmenschen und in den kleinen Freuden, wenn in der Zeit der großen Entbehrungen in ärmlicher Behausung es möglich wurde, sich satt zu essen.

Einen Glücksmoment meiner Mutter trage ich seit meinem sechsten Lebensjahr im Herzen: Ein Augustabend auf Feld und Waldrand nahe dem großen Bauernhof bei Eichendorf, wo meine Eltern einige Tage lang beim Dreschen halfen. Wie durften alle Helfer feiern mit »G'selchtem« (Geräuchertes), Schmalznudeln, »Kracherl« (Limo) und »Scheps« (Dünnbier)! Meine Mutter hatte meinen Vater an der Hand genommen und aus der in Hof und Tenne lärmenden Menge an diesen verträumten Fleck zwischen Feld und Wald entführt. Ich sehe meine hübsche, mädchenhafte Mutter in ihrem vom lauen Abendwind leicht bewegten schwarzgepunkteten Sommerkleidchen – glücklich, unbeschwert – und höre sie und meinen Vater singen: »Echo, liebes Echo ...«. Welch kostbarer Augenblick!

Einige Jahre später ein anderer Glücksmoment: Ich sehe meine Mutter und meinen Vater an einem schönen Sommertag schwitzend, aber fröhlich, ihre Fahrräder den steilen Berg zu unserem Wohnhaus hinaufschieben, beladen mit zwei Liegestühlen und einem Fußball – nach all den langen Entbehrungen erste Anzeichen eines »dolce far niente«, finanziert mit dem kleinen Geldbetrag aus dem Lastenausgleich.

Doch kaum war nach einer der Lebenskatastrophen ein frisches Pflänzchen von Freude und Glück nachgewachsen, wurde es rasch wieder erdrückt von neuer Not.

Die vielen Schicksalsschläge haben dem Lebensmut und der Lebensfreude meiner Mutter mit den Jahren immer schlimmer zugesetzt und sie im Alter schließlich immer stärker zum Rückzug in ein Schneckenhaus gedrängt, aus dem heraus sie Freude, Liebe und Zuneigung nur viel zu schwach und viel zu selten artikulieren konnte.

Den wahren Reichtum ihres Innenlebens konnte man besser als in ihren gesprochenen Worten in vielem erfühlen, das sie schrieb.

Zufriedenheit und ruhiges Glück als stabile, dauerhafte Lebensgrundlage, ungestört und unzerstört von jähen Einbrüchen, durfte meine Mutter in ihrem Leben nicht erfahren. Froh aber, ja erfüllt war sie bei ihrer »Schreiberei«, in den Stunden im Garten, beim Kochen, Backen und Stricken, an den Hausmusik-Abenden. Bei Familienfeiern nervte sie zunehmend mit ihrem Fotoapparat, heute aber freuen wir uns alle über die liebevoll gestalteten und mit witzigen Sprüchlein versehenen Fotoalben, die sie uns hinterlassen hat.

So gab es auch immer wieder Gutes in ihrem Leben, und das wurde ihr zwischen traurigen, schwermütigen, verbitterten Stunden auch immer wieder bewusst. Schreibt sie doch: »Wenn ich auf mein Leben zurückblicke, dann muss ich feststellen, dass viele Prüfungen meinen Lebensweg überschatteten. Doch will ich darüber all das Gute nicht übersehen, das mir geschenkt wurde und wofür ich dankbar sein muss. Es sind vor allem meine Kinder und Enkelkinder …«.

In diesem Guten dann doch wieder Schreckliches: Wenige Jahre nach dem Abfassen ihrer Erinnerungen wird sie erleben müssen, dass ihr ältester Enkel Christian, 23 Jahre jung, nach Gehirnblutung und Operation ins Wachkoma fällt und 14 Jahre lang sprach- und bewegungsunfähig, ohne eigentliches Leben, vegetieren muss, bis endlich der Tod ihn erlöst.

Zwei Wünsche für ihr weiteres Leben äußerte meine Mutter in ihrem Lebensbericht: Dass ihr Geist auch im Alter jung bleibe und dass sie Wohnung und Garten in Hirschhorn nicht verlassen müsse. Beide Wünsche wurden ihr lange, aber nicht auf Dauer erfüllt.

Noch nicht ganz achtzig Jahre alt, stürzte sie schwer. Bald zeigte sich dann, dass sie in ihrer angestammten Wohnung, in der sie über fünfzig Jahre lang gelebt hatte, nicht mehr bleiben konnte. Sie fand vorzügliche Aufnahme im Parkwohnstift Arnstorf, wo sie sich in der ersten Zeit noch im schönen, großen Garten mit um die Blumen kümmern und dabei Erinnerungen an vergangene Tage in ihrem geliebten Garten in Hirschhorn nachhängen konnte: an sonnendurchwirkte Blütentage, durchtönt vom Summen der Bienen, dem Stundenschlag der Kirchturmuhr und dem Klavierspiel des Sohnes.

Nach und nach aber verlor sie Orientierung und Wissen, die schweren Schatten über ihrer Seele verdunkelten zunehmend auch ihren Geist. Sie spürte das Verschwinden ihrer mentalen Kräfte, war deprimiert über ihre Lücken im Wahrnehmen und Erinnern, rang verzweifelt um die Worte, um die Sprache, die sie zuvor so meisterlich beherrscht hatte.

Ich stehe auf dem Friedhof am Hirschhorner Kirchberg vor dem Grabstein mit den Namen Sonja Maicher, Franz Maicher und Sophie Stuchlik – Mutter, Vater, Großmutter, die drei Hauptpersonen dieses Buchs. Gemeinsam ruhen sie hier in ihrem letzten, nie mehr endenden Schlaf.

Nur wenige Meter entfernt, hinter der Friedhofsmauer, lagen einst ihr Garten, ihr Wohnhaus. Nichts davon ist mehr zu sehen, vor wenigen Jahren wurde alles abgerissen und eingeebnet. Keine Spur bleibt mehr von dem bewegten Leben, das sich hier einst abspielte. Bald wird in Hirschhorn niemand mehr –

so wie ich jetzt – ein Fehlen, eine schmerzliche Lücke empfinden.

Meine Augen schweifen ab vom Grab, hinaus über Tal und Hügel, über das Land, das meiner Mutter und ihrer Familie zur Heimat, vertraut und lieb geworden war. Es gab in diesem Leben nicht unbedingt Großartiges, es war ein kleines Leben – und doch ein ganzes Universum.

Jeder Mensch trägt ein Universum in sich. Wenn er für immer geht, verschwindet mit ihm seine Welt und ein Teil der unseren. Wir können auf Dauer nichts und niemanden vor dem Versinken ins Vergessen retten. Aber wir sollten und können für uns und für viele nach uns an Erinnernswertem bewahren, was immer möglich ist.

Darum ist es wichtig und verdienstvoll, dass Autoren wie Viktoria Schwenger und Institutionen wie das Rosenheimer Verlagshaus Lebensgeschichten aufgreifen, darstellen und publizieren.

Ich blicke von unserem Grab nach Osten, wo ich in weitester Ferne den Geburtsort meiner Mutter Sonja, ihre Taufkirche in Orlau weiß. Zwischen Taufe und Begräbnis liegen 86 Jahre, zwischen Taufstein und Grab 650 Kilometer. Durchmessen auf einem ereignisreichen Lebensweg: über manche Höhen und durch viele Tiefen.

Peter Maicher, im August 2020

Weitere Bücher von Viktoria Schwenger

Morild
208 Seiten
ISBN 978-3-475-54832-1

9. April 1940. Deutschland überfällt das neutrale Norwegen und damit endet das bisher sorglose Leben der jungen Norwegerin Morild. Obwohl der Kontakt zu Besatzungssoldaten von ihren Landsleuten verachtet wird, verliebt Morild sich Hals über Kopf in den deutschen Soldaten Max, bekommt sein Kind und heiratet ihn schließlich in Oslo. Mit ihrer Tochter flieht sie über Schweden durch das kriegsgebeutelte Deutschland in die Heimat von Max im Süden des Landes und Jahre bangen Wartens auf Max' Rückkehr beginnen für sie …

Fort, nichts wie fort
240 Seiten
ISBN 978-3-475-54857-4

Mit dem Ende des Krieges beginnt für viele Deutsche die Katastrophe ihres Lebens. Sie fliehen aus ihrer angestammten Heimat, um den Gräueltaten der Besatzer zu entkommen. Nur mit dem Allernötigsten ausgestattet machen sie sich auf den Weg in den Westen. Die größte Last der Flucht müssen die Frauen tragen, viele ihrer Männer sind nicht aus dem Krieg zurückgekehrt. Ergreifende Schicksale, wie nur das Leben sie schreiben kann.

Im Rosenheimer Verlagshaus bereits erschienen:

Ins warme Licht der Freiheit
256 Seiten
ISBN 978-3-475-53867-4

Es hätte eine behütete, schöne Kindheit und Jugend sein können im sächsischen Dreiländereck. Doch nach und nach brechen die Schatten der Zeitgeschichte in Ursulas Leben ein: der Nationalsozialismus und der Zweite Weltkrieg. Schorsch, ihre erste Liebe, fällt in den Kämpfen gegen Kriegsende. Als die Niederlage besiegelt ist, flieht die junge Frau wie viele andere Menschen aus dem Dorf vor der Roten Armee. Man will sich nach Prag in Sicherheit bringen – ohne zu ahnen, dass diese Flucht geradewegs in die Hölle führt.

Von Liebe und Hoffnung
496 Seiten
ISBN 978-3-475-55451-3

Die Familien Sedlmayr und Sternlicht aus Rosenheim sind schon lange befreundet. Während Hannah Sedlmayr und ihre Brüder sorglos aufwachsen, sehen sich Jacob Sternlicht und seine jüdische Familie schon früh mit dem Hass gegen Juden konfrontiert. Als dann noch Erich Winter, ein Angehöriger der SS, in die Stadt kommt, spitzt sich die Lage der Familie immer weiter zu. Trotz all dieser Gefahren verlieben sich Hannah und Jacob ineinander und riskieren dafür ihr Leben.